F. 3160
A.

F. 2870.

COVSTV-
MES GENERALES
DV BAILLIAGE DV
BASSIGNY.

Redigees par les trois Estats d'iceluy, conuocquez à c'est effect par Ordonnance de Sereniſſime Prince CHARLES *par la grace de Dieu, Duc de Calabre, Lorraine, Bar, Gueldres, &c. Et omologueespar son* ALTESSE *au mois de Nouembre Mil cinq cens quatre vingt.*

Auec le Style contenu au cayer suiuant.

AV PONT-A-MOVSSON,
Par Melchior Bernard, Imprimeur de sadicte ALTESSE
en l'Vniuersité dudict Pont.

1607.
AVEC PRIVILEGE.

A Son Altesse.

MONSEIGNEVR,

Entre tant de dons, de graces, que Dieu à faict à l'homme, il s'en remarque vn singulier, qui est que sa prouidence diuine ne l'a iamais delaissé sans moyens pour le cognoistre & seruir, à la fin qu'il la creé: Car il se trouue tant es histoires sacrees que profanes; que des le commencemēt il a eu par signes & parolles, instruction de ce qu'il deuoit faire, & des Legislateurs (la plus part referans leurs Loix à Dieu, ou autres d'authorité, pour rendre chacun plus enclin & obeyssant à l'obseruation d'icelles) ainsi que Moyse feist le premier, qui a l'appuy du Createur, de la Montagne apporta aux Hebrieux, la Loy diuine, entaillee en deux tables de pierre, & (selon l'histoire profane) Phoroneus Roy des Atheniens, aux Grecs: Trimegistus (soub le nom de Mercure) aux Egyptiens: Minos (soub celuy de Iupiter) aux Cretensiens:

EPISTRE.

Licurgus (celuy d'Appollon) aux Lacedemoniens: Dracho & Solon (à l'inuocation de la Deesse Minerue) aux Atheniens, & furent icelles insculpees en bois: Numa Pompilius (se feignant fauorisé d'Ægeria la Nymphe) en trouua aux Romains, lesquelles auec d'autres, depuis tirees de Grece, ils feirent mettre en douze tables d'Yuoire & d'Airain, que l'on appelle encor auiourd'huy, les Loix des douze tables; & de suitte d'aage en aages, les Nations ont esteZ coduictes par Loix, Coustumes, & vsages propres à leurs temps & Prouinces, le tout à bonne fin, & soub le voile de Iustice; Laquelle soustenue, par les armes & les Loix (pilliers de l'Estat publicq) & bien administree, faict regner & obeyr les grands, contenir les petits en leur deuoir, & cause que les Monarchies sont plus long temps conseruees en leur entier, au tesmoignage de S. Augustin, liure 5. de la Cité de Dieu, disant que des quatres Monarchies, rapportees par Daniel, celle des Romains (combien qu'ils n'eussent la cognoissance du vray Dieu) à subsisté beaucoup dauantage que les trois autres, à raison de l'estroicte obseruation des vertus Morales, & principalemẽt de la Iustice. A l'imitation dequoy, vostre ALTESSE (ainsi que Prince de bonne nature, & l'espoux de la Republique, en mariage politique) durant l'heureux regne de sa Couronne, à tousiours procuré le bien de son Estat, n'y espargnant sa personne à s'opposer contre l'iniure diceluy, & en temps de paix & detroubles, à faire des saincts Edicts, Ordonnances, Statuts, & Cõstitutions touchans la police diuine & humaine, à ce qui estoit necessaire pour l'entretenement des bonnes mœurs, correction

EPISTRE.

des vices, soulagement de ses subiects, & de l'estrangier qui auroit affaire auec eux: & en perpetuelle memoire, rediger par escrit les Coustumes de ses pays, entre autres, celles de son Bailliage du Bassigny, accordees par les trois Estats d'iceluy, cōuoquez dés l'an mil cinq cens quatre vingt, les omologuer de son authorité souueraine, & par sa prudēce donner tel ordre, que d'eslors, en iugement & dehors indifferēment, elles ont estez suiuies & tenües pour Loix Municipales, mais obstant les troubles suruenus, n'ayant encores estez Jmprimees, ny le Stile dressé (chose autant necessaire que la Coustume, & le vray moyen pour la pratiquer & releuer le peuple de tant de frais que souuent il conuenoit faire pour le verifier par tourbes & autrement) les Aduocats postulans, Procureurs & Praticiens, auec les Officiers dudict Bailliage; assemblez de l'Ordonnance de Messire Iean de Beauuau Seigneur d'Auillier, Nouiant aux prez, Tremblecourt, Hamonuille, & terre de Hay, Gentilhomme de la Chambre de Monseigneur le Cardinal, Conseillier en vostre Conseil d'Estat, & Bailly dudict Bassigny, &c. Et iceux ouys sur l'ancien vsage & pratique, en auroiēt faict vn cayer, pour (soub le bon plaisir de vostre ALTESSE) estre ioinct à celuy de la Coustume, & ayant esté communiqué aux trois Estats dudict Bailliage qui l'ont agreé comme veritable & vtile, & par vostre ALTESSE receu & omologué, i'ay (soub sa permission) pris la hardiesse de faire mettre le tout soub la presse, & le representer en publicq, afin que vostre saincte intention soit accomplie, & chacun sache comme il se deura gouuerner à

A iij

EPISTRE.

l'aduenir en faict de Iustice, la Maiesté de laquelle reluisante audict Bailliage, la diuine en soit honoree, & voz subiects soulagez, ils ayent tant plus de moyens de la prier

MONSEIGNEVR

Qu'il luy plaise benir ceste œuure, Conseruer vostre ALTESSE en santé & longue vie, auec accroissement de l'Estat de sa noble lignee. De vostre ville de la Mothe ce 2. Nouembre. 1606.

Par son tres-humble, & naturel
subiect MAMMES COLLIN.

IN BASSIGNÆÆ CONSVETV-
DINES PROVINCIÆ.

D*VM sæuit proprio in sese vicinia ferro,*
Et neglecta fides Relligióque perit:
Tot turbata malis Astræa recesserat, ô vix
Optatum poterat tuta subire locum:
Cum virtute potens multa Lotharingius Heros
In Bassignæis sistere fecit agris,
Cúmque suos proceres, populúmque coëgit, & omnes
Cum tanta docuit fœdus inire Dea,
Hinc Ius Municipum tabulis præscribere certis,
Ne quis se licito iura latere putet.
Consilium laudant, atque auspice Numine, cuncti
Alterna firmant ciuica pacta fide.
Annuit his, sceptrúmque mouens Astræa, sit (inquit)
Hæc patrocinio terra beata meo,
Tótque annis vigeat Bassignæi incola tecti
Quot colet hoc sacrum Iúsque Genúsque Ducis.

    Petrus Daudenet Barroducæus, à Secretis
    Serenissimi Lotharingiæ Ducis, Consilijs,
    & Rationibus Barri, hos scripsit versiculos.

INVICTISSIMO, ET SEMPER
Avgvsto Principi Carolo III.
Lothar. & Bar. Duci, &c.

Vx, Princeps, Clemens, debellat, temperat, auget,
Hostes, Ius, Regnum, milite, lege, fide.

IN CONSVETVDINVM BASSI-
gniacæ Prouinciæ redactionem.

Te præcipiti casu trudatur in orcum,
Iurgia quæ demens, mouit iniqua diû.
Paciferens leges cùm LITA volumine pandit,
Hócque viris mores, præuia composuit,
Lite vacent aures ergò, cùm nullus habetur
Officij ignarus, municipúmue fori.

Antonius Dubois I. V. Licent. &
Aduoc. in Bailliuiatu Bassigniaco.

DE MO-

DE MORVM, CONSVETVDINVM,

& Stili Baſsigniaci Balliuiatus Sereniſsimi CAROLI III. Dei gratia Calabriæ, Lotharingiæ, & Barri Ducis iuſſu, redactione.

EPIGRAMMA IOAN. COLLINI FILII
PROPRÆSIDIS DICTI BALL.

Phœbus vt imbriferas radianti lumine nubes
   Pellit, & æthereo ducit ab axe diem.
Sic fugat infernas ad limina tetra phalanges
CAROLVS, & Lothara cedere sede iubet.
Sic micat Austrasiæ lumen; terræque reducit
Astræam, & populis iura gerenda suis.

AD EVNDEM DE REVO-
cato Iure.

Prisca Europæi sileat minoïa tellus
   Iura, nec Actæi conferat acta ducis.
Græcia victa tuis, hos non reuerentia iusti
   Duxit, te populi sed pia cura mouet.
Gloria maior erit, calcato robore legum
   Vndique quod Lotharis commoda iura feras.
En reuocata Themis nobis oracla reduxit,
   Iustitiæ & rursus secula prima vigent.
Iudicis arbitrio quid plebs erepta nefando?
   Quid Baſsigniacûm cætera turba dabit?
Magna per immensum comitatur gloria nomen;
   Maior at est celsis laurea parta polis.

AD EVNDEM FAVSTA PRECATIO.

Nestora viue precor, viuas fœlicibus annis
   Pacéque compostus subdita sceptra regas
Viue tibi, populóque diu, te Principe, vulgus,
   Nobilitas floret, prospera cuncta vigent.

                    Ioannes Collinæus Mothensis Baſsigniacus.

B

Extraict du Priuilege.

PAR grace & priuilege de son Altesse, il est permis à Melchior Bernard son Imprimeur iuré en l'Vniuersité du Pont-à-Mousson, d'imprimer, ou faire imprimer les *Coustumes generales, & Style du Bailliage du Bassigny*, redigees par escrit, aduoüees, & approuuees par sadicte ALTESSE, & par son commandement omologuees, publiees, & enregistrees en sondict Bailliage du Bassigny. Auec deffence tres expresse à tous autres Imprimeurs & Libraires d'en imprimer, védre ny distribuer, que de celles qu'aura imprimé, ou faict imprimer ledict Bernard : & ce pendant le terme & espace de dix ans, à compter du iour qu'elles auront esté acheuees d'imprimer. Sur peine d'amende arbitraire, & de confiscation desdicts exemplaires. Car ainsi nous plaist. Expedié à Nancy le 22. iour d'Aoust, Mil six cens & six. Les Sieurs de Maillane Mareschal de Barrois, de la Routte, Maimbourg Maistre aux requestes ordinaires, Bailliuy, Liegeois, & Pistor presens.

Ainsi signé CHARLES.

Et plus bas.

N. Maimbourg.

Feüil.1.

COVSTVMES
GENERALES DV
BAILLIAGE DV
BASSIGNY.

Redigees par les trois Eſtats d'iceluy, conuocquez à c'eſt effect, par Ordonnance de Sereniſſime Prince CHARLES *par la grace de Dieu, Duc de Calabre, Lorraine, Bar, Gueldres, &c. Et omologuees par ſon* ALTESSE *au mois de Nouembre Mil cinq cens quatre vingt.*

DES DROICTS DE
haulte Iuſtice.

TILTRE PREMIER.

Article premier.

LE Seigneur haut Iuſticier à cognoiſſance de Iuriſdiction des delicts requerant peine de mort, & dernier ſupplice, mutilation & inciſion de membres, fuſtiguer, marquer, eſcheller, pilorier, releguer, bannir hors ſa terre; cognoiſtre des ſortileges, & ſimples ſacrileges, & de toutes peines corporelles, &

B ij

DES DROICTS

autres portantes notes d'infamie, pourueu qu'il ne soit question des cas priuilegiez, qui sont les crimes de leze Maiesté: la cognoissance desquels doit appartenir, & appartient au Bailly dudict Bassigny.

II.

Qui confisque le corps, il confisque les biens, & appartiennent les biens aux hauts Iusticiers des lieux, ou lesdicts biens sont assis: Mais le marit executé à mort, ne confisque que ses propres, & la moitie des meubles & conquests, & non ce qui appartient à sa femme, par conuétion & paction matrimonialles, ou Coustume.

III.

Tous bannis a perpetuité, confisquent leurs biens.

IIII.

La femme mariee, par son forfaict, ne confisque que son propre seulement.

V.

Le signe patibulaire estant tombé, poura estre releué dedans l'an & iour, par le Seigneur haut Iusticier: & apres l'an & iour, conuient en auoir permission de mondict Seigneur le Duc, comme au semblable pour les Piloris, & Carquans.

VI.

Appartient aux hauts Iusticiers, la creation de Tutelle & Curatelle, main mise, subhastation, interposition de decrets.

VII.

Aux hauts Iusticiers, appartient donner asseuremét à ceux qui le poursuiuent en la Iustice, si les personnes afferment auoir occasion iuste de le requerir: & est ledict asseurement commun & reciproque aux parties, la cognoissance de l'infraction duquel, appartient à leurs Officiers.

VIII.

L'espaue appartient aux Seigneurs hauts Iusticiers, & sera icelle signifiee és iours de Dimaches à l'issuë de la Messe parochialle, & ce par trois publications, chacune de quinzaine à autre, & laquelle espaue, si elle n'est recognuë par son Seigneur & maistre, appartiendra au haut Iusticier: Que si toutesfois ladicte espaue consiste en chose qui se puisse consumer par vsage en gardant, n'y aura que huict iours, le temps toutesfois reserué à la discretion de la Iustice, suiuāt la valleur de ladicte espaue: neantmoins, si elle est recognuë dedās quarante iours, & que pendant iceux, elle ait esté vendue, seront les deniers rendus au maistre d'icelle, en payant les despens tels que de raison.

IX.

Le receleur de ladicte espaue, sera condamné en amande arbitraire, s'il ne la signifie à Iustice dedans vingt quatre heures, suiuant la qualité de l'espaue.

X.

Biens vaquans, sont aux Seigneurs hauts Iusticiers.

XI.

Si thresor caché & musé d'ancienneté, est fortuitement trouué, appartiét le tiers au Seigneur haut Iusticier, le tiers au Seigneur de l'heritage ou il est trouué, & l'autre tiers à celuy qui l'a trouué.

XII.

Les Messiers, & Forestiers, seront creus de leurs rapports par leurs sermens, tant és bois de Gruyeries, Communautez, qu'ailleurs, si doncques l'on ne vouloit faire apparoir au contraire, & par tesmoins sommairement, à quoy l'on pourra estre receu, sans estre tenu de faire aucune inscription de faux, & laquelle Coustume aura seulemét lieu pour le regard des prinses, & mes-vs, pour raison desquels eschet amende de cinq frans, & au dessoub, & non autrement.

XIII.

L'amende de recousse, est arbitraire.

XIIII.

Les Contracts vsuraires, & reprouuez de droict,

n'emporteront aucun nantiſſement, & ſeront punis les contrahans, auec les Notaires, ſuiuant l'ordonnance de Monſeigneur le Duc: Et à la paſſation des Contracts, les parties ſigneront, ſi elles ſçauent ſigner, ſinon en ſera faicte mention expreſſe.

XV.

Tous Seigneurs hauts Iuſticiers, pour leurs droicts Seigneuriaux, peuuent par Sergens proceder par execution, & ſeront les executez tenus au nantiſſement reel, ſans preiudice de leurs deffences, & cauſes d'oppoſitions, ſi aucunes en ont, moyennant que les Sergens executeurs ayent roolle ſigné du Seigneur, ou de ſon Procureur ou Receueur.

XVI.

Les cris de feſtes, appartiennent aux Seigneurs hauts Iuſticiers, ſi doncques noſtredict Seigneur n'eſt haut Iuſticier auec eux: Auquel cas, le Sergent de noſtredict Seigneur le Duc en fera les cris, nommant iceluy le premier, & les autres Seigneurs apres, ſi doncques la Seigneurie n'eſt indiuiſee, & lors ſe feront leſdicts cris par le Sergent ordinaire commun d'icelle, lequel nõmera mondict Seigneur le Duc le premier, & les autres apres.

XVII.

Ne pourront les ſubiects des Seigneurs hauts Iuſticiers, vendre, transporter, ou autrement aliener à gens d'Eglise, Communautez, & autres de main morte, aucuns heritages en la terre desdits hauts Iusticiers, pour d'iceux heritages le mettre en saisine & possession, que premieremēt lesdicts gens d'Eglise, Communautez, & de main morte, n'ayent obtenu amortissement de mondict Seigneur le Duc, quand l'acquest est au nom de l'Eglise, Communauté, & main morte, & à faute de ce faire, lesdicts Seigneurs pourront dans l'an & iour apres qu'il leur sera enioinct, en vuider leurs mains, leur faire commandement par leur Iustice dedans deux ans, apres les ans & iour expiré, de mettre hors de leur puissance lesdicts heritages, à peine de les appliquer à leur domaine, laquelle peine sera declaree, iceux appellez & ouys.

XVIII.

Monseigneur le Duc, à droict de cognoistre de toutes matieres d'execution, sur Sentences rendües par les Mayeurs, & Officiers audict Bailliage, l'an & iour apres la date d'icelles.

XIX.

Appartient aussi à mondict Seigneur le Duc, la cognoissance des executions faictes par vertu des lettres authentiques passees soubs son seel, & lequel luy est attributif de Iurisdiction és executions personnelles.

Nuls

XX.

Nuls habitans, ne pourrōt faire assemblees, sans la permission du Sieur Bailly du Bassigny, ou son Lieutenant, ne faire leuees ne cueillettes de deniers, que le Procureur General, ou son Substitut, ne soit ouy, si doncques, n'est pour la police, affaires, & reiglemēt de leur Communauté tant seulemēt, auec permission des Officiers des lieux, par deuant lesquels ils rendront compte de ladicte cueillette.

DES DROICTS DE moyenne Iustice.

TILTRE II.

XXI.

Es moyens Iusticiers, ont droict d'adiuster poids & mesures, d'imposer & leuer amendes de soixante sols, & au dessoub, sur les delinquans, & si ils ont cognoissance de toutes actions personnelles & ciuiles sur leurs subiects, iusques à la somme de dix frans, & au dessoub.

DES DROICTS DE
basse Iustice, & Fonciere.

TILTRE III.

XXII.

LE Seigneur bas Iusticier, & foncier, peut creer Mayeur & Iustice, qui a cognoissance des abornemés des heritages de parties à autres de sa fonciere, & des actions reelles du fond, & de la roye.

XXIII.

Peut faire saisir & subhaster heritages, à cause de cense non payee, faire embanir les terres & preis qui sont situez en la iurisdiction fonciere, & imposer peines & amendes de cinq sols, & au dessoub tant seulement, & si a cognoissance des simples reprinses, esquelles n'eschet améde que de cinq sols, si doncques il n'y a tiltres vallables, ou possessions immemorialles de prendre plus haute amende.

XXIIII.

A droict de creer Forestiers, & Messiers, pour faire les reprinses côtre les mes-vsans esdictes terres & preis, & bestes trouuees en degasts.

DES FIEFS, DROICTS
d'iceux, & profits Feodaux.

TILTRE IIII.

XXV.

PREMIEREMENT, Couſtume eſt telle, que tous les Fiefs tenus de mondict Seigneur le Duc en ſondict Bailliage du Baſſigny, ſont Fiefs de danger, rendables à luy à grande force, c'eſt à dire que les vaſſaux ſont tenus de luy rendre leurs maiſons pour la ſeurté de ſa perſonne, & deffence de ſes pays, à peine de commiſe.

XXVI.

Seront auſſi rendables à petite force, ſur & à peine que l'on procedera par ſaiſie des Fiefs, de ceux qui ſeront des-obeyſſans & refuſans a Iuſtice, & perte des fruicts, iuſques à ce qu'ils auront obey à ladicte Iuſtice.

XXVII.

Plus, nulles perſonnes capables à tenir Fief, en ayant acqueſté quelqu'vn de nouueau, ſe pourra bouter ne intruire en la poſſeſſion d'iceluy, ſans en auoir pre-

C ij

DES FIEFS, DROICTS D'ICEVX,
mierement demandé confirmation au Seigneur Feodal, à peine de commise: Neantmoins apres que tel nouueau acquereur se sera presenté, & demandé ladicte cōfirmation à sondict Seigneur Feodal, le danger de commise cessera. Et ny a autre dāger de Fief audict Bailliage, que ces deux articles cy dessus, qui sont de grande force & confirmation.

XXVIII.

Les Comtez tenues en Fief de mondict Seigneur le Duc, sont indiuidues, & doiuent appartenir au fils aisné, qui en porte le nom & tiltre: & les autres enfans puis-nez, ont partages en autres terres, s'il en y a; & s'il ny a autres terres que telles Comtez, ils auront portion contingente, qu'ils tiendrōt en Fief dudict aisné, en sujection de retour, demeurant le nom & tiltre audict aisné.

XXIX.

Les vassaux dudict Bailliage, sont tenus quand ils sont requis, aller & seruir mondict Seigneur le Duc, és guerres qu'il pourroit auoir contre les ennemis de son pays à ses despens, restitution des prins de corps, cheuaux, harnois, & interests.

XXX.

Quand vn vassal de mondict Seigneur le Duc, vend son Fief, il est requis en auoir sa confirmation, & peut

ET PROFITS FEODAVX.

mõdict Seigneur le Duc le reprẽdre pour les deniers, & le ioindre auec son domaine, pour tels deniers qu'il aura esté vendu, auant la confirmation, ou bien cõfirmer le vẽdage si bon semble, sans preiudice du droict de retraict lignager.

XXXI.

Le Seigneur Feodal, peut faire saisir le Fief de son vassal par faute de denombrement non donné apres les quarante iours ordonnez aux vassal de le bailler en faisant son deuoir de reprinse.

XXXII.

Le Seigneur Feodal, n'est tenu receuoir son vassal en foy & homage par Procureur, s'il ne se presente en personne, si doncques il n'y a cause legitime, ou que le Fief appartienne a vn enfant mineur d'ans: Auquel cas, le Tuteur en peut faire faire le deuoir dedans le temps deu.

XXXIII.

Vn vassal ne peut prescrire cõtre son Seigneur Feodal, les droicts & deuoirs qu'il est tenu luy faire, à cause dudict Fief, ny le Seigneur contre le vassal.

XXXIIII.

Si le vassal donne liberalement son Fief par donation entre les vifs, ou par testament, ou qu'il eschange

C iij

iceluy Fief contre vn autre, fans folte, les parens dudict vaſſal ne peuuent venir a la retraicte dudict Fief, & pareillemẽt ſe garde la Couſtume en terre de poté.

XXXV.

Quand vn vaſſal va de vie à treſpas, & il delaiſſe pluſieurs enfans maſles & femelles, ou vn enfant maſle, & pluſieurs filles, l'aiſné fils à droict de prẽdre & choiſir pour luy auant ſon partage, laquelle forte place il luy plaira, pour ſon droict d'aineſſe, qu'il emporte auec ſes appartenãces de murailles & foſſez ſeulemẽt: A charge du doüaire, s'il y eſchet: & au reſidu des autres heritages de Fief, il prent ſa part comme l'vn des autres fils, & y aura vn fils autant que deux filles.

XXXVI.

En ſucceſſion collateralle de terre de Fief, le maſle exclut la femelle, eſtant en pareile degré.

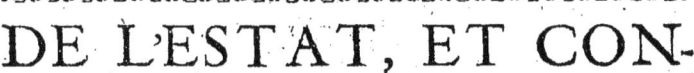

DE L'ESTAT, ET CONdition des perſonnes.

TILTRE V.

XXXVII.

V Bailliage du Baſſigny, y a diuerſes ſortes & conditions des perſonnes, les vns ſont Nobles, & les autres non.

XXXVIII.

Ceux sont reputez Nobles qui sont yssus en mariage de Pere & Mere nobles, ou de Pere noble, & Mere non noble d'origine, d'autant qu'audict Bailliage, le Mary noble anoblit sa femme, tellemēt qu'elle iouyt des priuileges de noblesse, tant constant le mariage, qu'apres le decez de son Mary, si elle ne cōuole en secōdes nopces auec vn roturier, s'ils n'ont tiltres ou possessions au contraire.

XXXIX.

Quant aux non Nobles, ils sont de deux manieres, dont aucuns sont franches personnes, qui ne sont de mainmorte, formariage, ou d'autre cōdition seruile.

XL.

Les autres sont Serfs de mainmorte, formariage, taillables à volōté, & de poursuite, quelque parte qu'ils se transportent, & subiects a autres seruitudes, selon la nature des terres & Seigneuries, à cause desquelles ils sont hommes dont il y ait tiltres, ou haulte possession.

XLI.

La femme mariee, est en la puissance de son Mary, combien qu'elle ait Pere ou Ayeul, de façon qu'elle ne peut ester en iugement, ou contracter, sans l'auctorité, ou puiſſance de ſondit marit, ſi doncque elle n'eſtoit marchande publicque; Auquel cas, elle pourroit contracter & eſter en iugement, tant en demandāt, qu'en defendant, pour raiſon des choſes cōcernantes ſa marchandie ſeulement, ſans l'auctorité de ſondit marit.

XLII.

Fils de familles, mariez, ou Preſtres, ſont reputez emancipez, & majeurs, tant pour eſter en iugement, que contracter, ſans l'auctorité de leurs Peres & Meres, Ayeuls, ou autres, ſans y comprendre l'alienation & hypotheque de leurs biens immeubles.

XLIII.

Le Mary, ſans procuration de ſa femme, peut eſter en iugement, tant en demandant qu'en defendant, pour droicts poſſeſſoires, & actions perſonnelles : Ne pourra toutesfois vendre le bien propre de ſa femme ſans ſon expres conſentement.

XLIIII.

Si vn homme, ou femme, du corps de mondict Seigneur le Duc, demeurāt en ſon Bailliage du Baſſigny, alloit demeurer hors de ſon Duché de Bar, ou en iceluy, hors de ſon domaine, ledict Seigneur Duc prendroit & emporteroit tous les heritages qu'il auroit, & pourroit auoir ſoubs luy: Meſmes ſi aucuns deſdicts hommes, ou femmes, eſtoient reſidans audict Bailliage

DES PERSONNES.

ge soubs mondict Seigneur le Duc, & ils alloient de vie à trespas, ayans heritiers absens, & hors du Duché ou domaine dudict Seigneur Duc, il representeroit lesdicts absens : n'est doncque qu'aucunes Preuostez, Seigneuries, ou villages audit Bailliage, ayent tiltres ou possessions vallables au contraire.

DES DROICTS APPAR-
tenans à gens mariez, & autres communautez, & societez.

TILTRE VI.
XLV.

LE Mary, & la femme sont communs en tous biens meubles, debtes personnels faicts, & à faire, & conquests, immeubles, qui se feront cõ-stant leur mariage, tellement qu'apres le decez de l'vn desdicts mariez, le suruiuant doit auoir la moitié desdicts meubles & conquests immeubles, & les heritiers l'autre, lesquels en sont saisis & en possession, s'il n'est autrement conuenu & accordé en contractant ledict mariage, soit qu'il y ait enfans ou non, reserué qu'entre gens nobles, le suruiuant emporte les meubles s'il n'y a enfans, soit dudict mariage, ou autre.

DES DROICTS APPARTENANS
XLVI.

Si l'vn defdicts mariez vend son heritage, & des deniers d'icelle vente achepte autre heritage, ledict heritage ainsi achepté, sera tenu & reputé côqueſt, s'il n'eſt expressement dict & protesté en faisant la premiere vendition, que les deniers seront employez en autre heritage qui sortira pareillement la nature & condition que ledict heritage vendu, ou que l'autre desdicts mariez n'y consente sans fraude.

XLVII.

Restablissement faict par le Mary à sa femme, ne vaudra, si la promesse de restablir pour pareille somme seulement n'est faicte par contract de mariage, ou au parauant la vendition des heritages de ladicte femme, ou en passant icelle vendition dans vn mois apres.

XLVIII.

Si le Mary, ou la femme, ou l'vn d'eux, auoient vendu leurs propres heritages, ou patrimoines au parauāt leur mariage, & durant iceluy dont fut deüe aucune somme de deniers au temps du decez de l'vn d'eux, les deniers qui en seront deüs au temps du decez reuiennent & escheent pour le tout à iceluy d'eux, ou ses hoirs, duquel l'heritage a esté vendu, & sont reputez propres heritages & patrimoine du vendeur, nonobstant la communauté d'entre le mary & la femme.

XLIX.

Si constant le mariage, l'vn des conioincts vend ou hypotheque son propre heritage, & que durant iceluy il le rachepte, tel heritage, n'est reputé conquest, s'il n'estoit autrement cóuenu par traicté de mariage.

L.

Si l'vn des d'eux cóioincts par mariage, faict bastir, des deniers communs sur son propre heritage, l'edifice demeurera propre à celuy auquel le fond appartiét: Toutesfois sera ledict edifice eualué par gens experts, & à ce cognoissans, pour estre la moitie des impenses renduë à l'autre desdicts conioincts, ou ses hoirs.

LI.

Si le Mary, acqueste aucuns heritages, soit en sa ligne ou en celle de sa femme, ou autre part, & icelle femme va de vie à trespas, les heritiers d'elle auront & emporteront la moictie dudict acquest, & l'autre demeurera audict mary, lequel toutesfois pourra constant & durant ledict mariage reuendre ledict heritage acquesté, ou autrement en disposer à son bon plaisir, sans le consentement de sa femme.

LII.

Si deniers de mariage, qui doiuent sortir nature d'heritages, ne sont employez auant le trespas de l'vn

D ij

DES DROICTS APPARTENANS

des conioincts, ils se deuront prendre sur les meubles, & au cas qu'ils ne seroient suffisans sur lesdicts conquests. Que si les meubles & conquests ne suffisent, se prendront sur les propres heritages : & au defaut de payemēt, apres les protestations & sommations deüement faictes par deuant iuges competans, feront les heritiers tenus aux dommages & interests, à prendre depuis lesdictes sommations & protestations, si autrement n'est accordé par traicté de mariage.

LIII.

Si l'vn des conioincts par mariage, a aucuns heritages propres chargez de rentes, ou censes qui soient racheptez pendant & constant iceluy, appartiendront lesdictes rentes ou censes à celuy à qui l'heritage est propre, en rendant à l'autre desdicts conioincts ou ses heritiers, la moictie des deniers de l'acquisition desdictes rentes, ou censes, si mieux les proprietaires dudit heritage n'aiment laisser à l'autre desdicts conioincts, ou ses heritiers, la moictie desdictes rentes ou censes, & dequoy ils iouyront iusques à la restitution de la moictie desdicts deniers.

LIIII.

La femme, apres le trespas de son Mary, peut renōcer à la communauté qu'elle auoit auec luy, & neantmoins auoir & retenir son heritage & doüaire, & ne sera tenüe d'aucunes debtes procedantes de ladicte communauté : & se doibt faire ladicte renonciation

renonciation iudiciairemēt pardeuant les officiers de la Iustice des lieux, dedās quarante iours apres qu'elle aura sceu le trespas de sondit Mary, appellez pour ce faire les heritiers apparēs du trespassé, s'ils sont demeurans audict Bailliage, sinon & à faute desdicts heritiers, pourra appeller le Procureur d'office du lieu ou le trespassé estoit domicilié: Pourra ladicte femme, nonobstant ladicte renonciation, prendre & emporter l'vne de ses robbes & habillement qui ne sera ny le meilleur ny le pire, mais le moyen, quād il y en a plusieurs, & s'il n'y a qu'vn habillement il appartient a ladicte femme: Et s'il se trouue qu'elle ait substraicts aucuns desdicts biens communs d'entre elle, & sondict Mary, elle est tenüe de payer la moictie desdictes debtes, nonobstant ladicte renonciation, & neantmoins sera tenue a restitution, dōmages & interest: Et si dedans quarāte iours elle n'a faict ladicte renonciation, elle est tenue & reputee parsonniere, sans qu'il soit besoin le requerir, ou faire declaration, ny qu'elle ait declaré, nonobstant qu'il eut esté conuenu de faire la renonciation dans plus long temps que lesdicts quarante iours au cōtract du mariage, ou autremēt, pourueu que la femme ne soit obligee, auquel cas, elle sera tenue des debtes suiuant la nature de l'obligation.

LV.

Si l'vn des conioincts par mariage, tient & possede les biens de ses enfans, ou heritiers du defunct par an

D iij

DES DROICTS APPARTENANS
& iour apres le decez dudict mourant sans faire inuentaire, partage, diuision, ou chose equipolente, les enfans peuuent demāder communauté de tous biens meubles & conquests faicts constant le second mariage, & depuis le téps qu'il à tenu lesdicts biens sans inuentaire, partage, & diuision, desquels la diuision sera faicte en ceste forme, sçauoir, que d'iceux serōt faictes trois parties, dont le remarié aura l'vne, les enfans heritiers du premier lict l'autre, & la seconde femme ou ses hoirs l'autre tierce partie. Et au cas qu'il y ait enfans des deux licts, sera la succession diuisee en quatre parties, de maniere que chacune sorte d'enfans emporte vn quart, & le Pere & la Mere chacun vn autre quart, supposé que l'vn ou l'autre y ait assez ou peu apporté; excepté és Nobles qui tiennent leurs enfans en garde, demeurans toutesfois à l'election desdicts enfans ou heritiers de demander la portion de leurs predecesseurs, ou la quātité & valeur d'icelle par cōmune estimation, eu esgard, & selon les facultez dudict trespassé, à l'heure de son decez.

LVI.

Les fruicts des heritages propres, pēdans par les racines au trespas de l'vn des conioincts par mariage, sont tenus & reputez propre à celuy auquel appartient ou aduiēt ledict heritage, à la charge de payer la moictie des impenses; & ou le mary auroit baillé à ferme sans fraude l'heritage de sa femme, & il decede, sadicte femme pourra estre contraincte à l'entretenement du bail.

LVII.

La femme qui est parsonniere auec son Mary, en meubles & conquests, est tenue apres le decez de sondict mary, payer les debtes de ladicte communauté pour telle part & portion qu'elle prent és meubles & conquests de la communauté, & ne sont les frais funeraux reputez debtes, mais sont à la charge, & se payent par lesdicts heritiers du trespassé, & semblablement, le mary est tenu de payer la moictie des debtes de sa femme deüement contractees.

LVIII.

Et se peuuent les creanciers s'addresser contre les heritiers du defunct pour le tout, si iceluy defunct est obligé seulement, ou s'addresser contre la femme par moictie, & contre lesdicts heritiers pour l'autre moictie, au choix des creanciers.

LIX.

Et si les creanciers s'addressent pour le tout contre les heritiers du trespassé, lesdicts heritiers auront recours pour le remboursement & interests de la moictie des debtes, contre le suruiuant, ou ses heritiers: & quand lesdicts mariez sont obligez ensemble, les creanciers se peuuent addresser selon la forme de leur obligation.

LX.

Quand lesdicts creanciers se sont addressez contre les heritiers de l'vn des mariez obligez, & lesdicts heritiers ne sont trouuez soluables, iceux creanciers se peuuent addresser subsidiairement, & auoir leurs recours contre le suruiuãt, ou les heritiers, pour leur part & portion.

LXI.

Le Mary à le gouuernement & administration des heritages & possessions de sa femme le mariage durãt, & est seigneur des biens meubles, fruicts, reuenus, & émolumens appartenans à sa femme, & de ses debtes mobiliaires, & les peut demander en iugement & dehors, en son nom sans sadicte femme.

LXII.

Le Mary peut donner, vendre, & aliener à sa volonté, les meubles, & les acquests faict par lesdicts mariez, ou l'vn d'eux constant le mariage, par cõtract faict entre vifs, mais non par contract, ayant traict à mort.

LXIII.

A la femme, apres le decez du Mary, appartient par doüaire coustumier, la moictie des heritages de sondict mary, desquels il estoit seigneur lors qu'il l'espousa, ensemble de ceux qui luy sont escheus par ligne directe

recte ascendante pendant ledict mariage, & duquel douaire iouyra la femme sa vie durãte comme douairiere & vsufructiere, pour en prendre les fruicts, & en disposer ainsi que bõ luy semblera, lequel sera nul si ladicte femme va de vie à trespas auant sondict mary : à charge toutesfois d'ētretenir lesdits heritages de reparations telles qu'vne vsufructiere est tenue de droict, & dont elle donnera caution au cas qu'il n'y ait enfans dudict mariage, ou qu'elle conuole en secondes nopces.

LXIIII.

Femme qui tient heritages en douaire, est tenue de payer tant qu'il à lieu, les rentes, censes, & autres charges que doiuent lesdicts heritages, & non rentes volages, constituees par le mary pendant leur mariage, s'il ne se trouue que pour le regard d'icelles, la femme ne soit obligee, quand a quand auec le mary.

LXV.

Deux conioincts par mariage, ne se peuuent auantager l'vn l'autre, directement ou indirectement, soit par donation d'entre vifs, disposition testamentaire, ou autrement.

LXVI.

Femme douee de douaire prefix, ou conuētionnel, peut, apres le decez de son mary, choisir & eslire le

E

douaire prefix ou couſtumier, ſuppoſé qu'en ſon traicté de mariage ne ſoit faicte vne ſeule mention de douaire couſtumier, mais ſi ladicte femme veut auoir ledict douaire prefix, elle le doit declarer dans quarante iours apres le decez de ſondit mary, ſauf que ſi ledict mary auoit pluſieurs maiſons, l'heritier aura le choix de prendre celle qui luy plaira, ſinon qu'autrement fut conuenu, duquel douaire elle eſt tellement ſaiſie qu'elle peut agir poſſeſſoirement contre les turbateurs d'iceluy.

LXVII.

Si apres le decez du mary, la femme recelle ou ſoubſtraict les biens de ſon mary & d'elle, elle ne iouyra du benefice & priuilege de la renonciation qu'elle aura faicte à ladicte communauté.

LXVIII.

Si l'homme, ou la femme conioincts par mariage, ou autres eſtans en communauté de biens, ou en ſon teſtament & ordonnance de derniere volonté, font aucuns legs, ils ſeront payez de ſes biens, & ne ſera diminuee la portion du ſuruiuant, s'il n'apert de conuention faicte au contraire.

LXIX.

Quand aucunes perſonnes vſantes de leurs droicts, viuent enſemble à commun pot & deſpence par an &

iour, ils sont reputez vns & cōmuns en tous biēs meubles & conquests faicts depuis la societé contractee, s'il n'appert du contraire.

LXX.

Les enfans de famille demeurans auec leurs Pere & Mere, parens, seruiteurs, & autres personnes nourries & entretenues par amour, affection, pieté, ou seruice, ne peuuent acquerir droict de cōmunauté auec Pere, Mere, ou autres personnes qui les nourrissēt par quelques laps de tēps qu'ils y demeurent, s'il n'y a expresses conuentions sur ce faictes.

LXXI.

Si l'vn des deux, ayant aucune chose commune, s'en sert, il n'est tenu d'en faire proffit ne émolument a l'autre, s'il n'est interpellé d'en faire partage & proffit.

DES TVTELLES, ET Curatelles.

TILTRE VII.

LXXII.

LE Pere, est administrateur legitime des biens de ses enfans, & de la personne d'iceux, & fera les fruicts siens, s'il est noble, iusques à ce qu'iceux en personnes soient aagez suffisammēt, ou qu'ils

DES TVTELLES,

seront mariez, & sera tenu en ce faisant payer les debtes personnels, les nourrir, alimenter, & entretenir, & à la fin de ladicte administration rendre lesdicts heritages en bon estat: & est tenu le Pere, de faire inuentaire desdicts biens, & les rendre à sesdicts enfans l'vsufruict finy. Pourra neantmoins renoncer à ladicte Tutelle, si bon luy semble.

LXXIII.

Le semblable sera obserué à la femme noble.

LXXIIII.

Le Pere roturier, sera aussi Tuteur, si bon luy semble, de ses enfans, & en ce cas, fera inuentaire incessamment de leurs biens, & en rendra compte en temps & lieu, & toutesfois ne fera les fruicts siens desdicts biens.

LXXV.

Le semblable, s'obserue en la femme roturiere, estáte en viduité, & iusques à ce qu'elle conuolle en secondes nopces, auquel cas sera pourueu d'autre Tuteur, si mestier faict.

LXXVI.

Tutelles testamentaires sont vallables, & preferees à toutes autres, & à faute d'icelles, la legitime aura lieu, & successiuement apres la datiue, laquelle datiue doit

ET CVRATELLES.

estre confirmee par le iuge: Comme au semblable la legitime & testamentaire.

LXXVII.

Tuteurs, sont tenus faire inuentaire incontinant, & auant que de s'entremettre à l'administration des biés des mineurs, sur les peines de droict, & se doit faire l'inuentaire aux moindres frais que faire se pourra, & estre rapporté faict & parfaict dans quarante iours.

LXXVIII.

Tuteurs, sont contraincts de vendre les biens perissables des mineurs, par auctorité de Iustice, & rendrõt compte des deniers en prouenans.

LXXIX.

Les Tuteurs, & Curateurs, demeureront en leurs charges, ou l'vn d'iceux en l'absence de l'autre, ou, aduenant la mort d'iceluy, iusques à ce que ceux qu'ils ont en charge seront aagez suffisammẽt, ou mariez, ou bien dispensez pour auoir le gouuernement de leurs biens, sauf toutesfois à subroger Tuteur, & Curateur, au lieu de celuy qui sera preuenu, si mestier faict.

E iij

DES CHOSES REPV-
tees meubles.

TILTRE VIII.
LXXX.

OMs, debtes, & actions pour raison des choses mobiliaires, arrerages de censes, & rentes, sont reputez meubles, si doncques lesdictes cēses, & rentes ne sõt à perpetuité.

LXXXI.

Artillerie, & autres armes desquelles l'vsage ne peut seruir que pour la tuition d'vne maison, Chastel, ou forteresse, ne sont reputees meubles, mais demeurent à celuy auquel ladicte place, maison, & Chastel appartient.

LXXXII.

Tout ce qui se trouue és maisons, tenans à cloux, & à cheuilles, ne sont reputez meubles.

LXXXIII.

Meubles n'õt point de suite par hypotheque, s'ils ne sont mis dehors de la puissance du debteur par fraude.

LXXXIIII.

Les fruicts pendans par les racines, sont reputez immeubles, iusques à ce qu'ils soient couppez, ou separez du fond.

DES CONVENANCES, ventes, achapts, louages, & autres contracts.

TILTRE IX.
LXXXV.

Tovs contracts, seront receus par deux Notaires auāt que d'estre mis en forme authenticque, & ne suffira de les passer soubs vn Notaire auec deux tesmoins.

LXXXVI.

Toutes obligations passees soubz le seel de mōdict Seigneur le Duc, sont authenticques audict Bailliage dudict Bassigny, & ont execution paree, de sorte que elles peuuēt estre executees, nonobstant oppositions, ou appellations quelconques, & sans preiudice d'icelles: Mesmes les cedules recognues, aurōt hypotecque du iour de la recognoissance, & garnison de main:

DES CONVENANCES,
Comme pareillement les contracts seellez des seaux des Tabellionnages particuliers des hauts Iusticiers, seront executoires és terres & Seigneuries qui auront priuilege de Tabellionnage, & ailleurs, pourueu qu'ils soient recognus, & declarez executoires.

LXXXVII.

Obligations passees soubz le seel Ecclesiasticque, n'emporteront execution, nantissement, ou hypotheque, n'estoit qu'elles fussét recognues & declarees executorialles par deuant les Iuges temporels.

LXXXVIII.

Tous contrahans, declareront les rentes, charges & hypotheques speciales, & seruitudes estátes sur les heritages, & choses immeubles par eux vendues & eschangees, ou allienees à tiltres onereux, à peine d'amēde arbitraire, & que s'ils les vendent franchement, & elles sont trouuees chargees par leur faict, ou d'autres, & que des charges ils soient deuëment aduertis, ils seront punis comme faux vendeurs.

LXXXIX.

Seront aussi punissables comme faux vēdeurs, ceux qui vendent, ou autrement allienent chose, à autre par eux auparauant vendue, ou allienee.

XC.

Recision de contract d'outre moictie de iuste pris
pour

ET AVTRES CONTRACTS.

pour chose mobiliaire, n'aura lieu.

XCI.

Vn vendeur de cheuaux, n'est tenu de vices, excepté de morue, Espouffe, Corbe, Corbature, sinon qu'il les ait vēdus sains & nets, auquel cas, il est tenu de tous vices, lattans & apparans huict iours apres la tradition.

XCII.

Il est permis au locateur, soit de maisons, ou heritages, par luy baillez à tiltre de loüage, faire proceder par voye d'execution, pour les loyers à luy deüs par les conducteurs, comme ayant taisible hypotheque sur les meubles & fruicts estans esdictes maisons, ou heritages, pourueu que ledict locateur ait contract, ou obligation par escrit.

XCIII.

Le Seigneur, & le proprietaire d'vne maison, est le premier, & prieur en hypotheque contre tous autres, iaçoit qu'il soit posterieur en date, cōme pareillement le Seigneur de l'heritage pour raison des fruicts.

XCIIII.

Le locataire ne peut laisser à tiltre de laix, la maison à luy loüee, à autres, la cōdition desquels puisse apporter ruyne, ou dommage à ladicte maison.

F

DES CONVENANCES,
XCV.

Si celuy qui a prins a tiltre de laix vne maifon pour quelque annee, ne declare auant la derniere expiree, qu'il fe deporte, ains la tient fans nouueau marché, payera le pris pour vne annee feulemét, pour laquelle ledict loüage fera cenfé eftre continué.

XCVI.

Deliurance de marchandife, argue payemens, fi les deniers ne font demandez dedans vn an, fi doncques il n'y a Cedule, ou promeffe de payer au contraire, ou que l'on ne face paroiftre de la creance.

XCVII.

Achepteur n'eft tenu à l'entretenement du loüage de fes predeceffeurs, f'il n'y a fpeciale hypotheque, & ou il n'y aura fpecialle hypotheque, ne pourra ledict achepteur mettre hors le locataire, qu'vn mois apres le iour de l'aduertiffement.

XCVIII.

Refpit ne fe peut demander pour chofe depofee, debtes actiues d'enfans mineurs, louages de maifons, bail d'heritages à moifon ou ferme, Cenfes, Rentes foncieres, marchandife prinfe en plain marché, debtes procedentes de delicts, ou de chofe adiugee par

ET AVTRES CONTRACTS. 17

sentence donnee en iugement contradictoire, ou du consentement des parties.

XCIX.

Pour porter garandie, chacun doit laisser son iuge, & aller porter garandie deuant le iuge, par deuant lequel il est plaid de la chose, & qui le refuse, est tenu de tous despens, dommages, & interests.

C.

Peines de corps de manouuriers, & gens de bras, ne peuuent estre demandees apres trois mois passez, s'ils ne prennent creance, ou promesse au contraire.

CI.

Le vendeur de vin, n'est tenu le garder outre quinze iours, s'il ne luy plaist, & si l'achepteur ne le leue dans ledict temps, il perd ses arres, si aucuns en a baillé, & peut ledict vendeur reuendre ledict vin a autre: Mais s'il ne la reuendu, il sera tenu le deliurer au premier achepteur, s'il le requiert, en payant.

F ij

DES CENSES, RENTES, lots, & ventes.

TILTRE X.

CII.

RENTES, ou censes, ne sont executoires contre vn tiers detenteur, s'il n'a esté condamné, ou qu'il n'ait consenty declaration d'hypotheque.

CIII.

En eschange de chose, censiue subiecte à lots, & vētes, faict but à but, n'en sont deuz aucuns lots, s'il n'y a solte, & lors, pour rate & raison de ladicte solte, & suiuant icelle, sont deuz lots, & ventes.

CIIII.

Si vn heritage est donné par aumosne, & affection de doüaire, il n'y a lots, & ventes.

CV.

Qui transporte, ou baille son heritage a rente, & a reachapt, le Seigneur cēsier, auāt le temps du rachapt, prendra, si bon luy semble, les lots, & ventes de la somme promise, & accordee par ledict rachapt, mais du reachapt d'icelle rente, il n'y aura lots, & ventes.

CVI.

Si le vendeur, & achepteur d'vn heritage chargé de censiue, apres que la vendition est consentie, se deporte de son consentement de marché auant que de partir du lieu, il n'y aura lots, vétes, n'y amendes, pourueu que les lettres de la vente n'ayent esté passees.

DE RETRAICT Lignager.
TILTRE XI.

CVII.

SI aucune personne, vend ses propres heritages, & a luy escheus, & descédus par droict de succession, a autres personnes estranges, & d'autre lignage, ou branchage que celuy du costé, & ligne duquel sont aduenus iceux, le lignager dudict vẽdeur, & qui luy appartient du costé d'ou prouiennẽt lesdicts heritages, pourra dans l'an & iour de la prinse de possession, faire adiourner l'achepteur, & retirer de luy lesdicts heritages, en rendant les deniers du sort principal, frais & loyaux cousts, & s'en-

DE RETRAICT LIGNAGER.

tendra la prinſe de poſſeſſion du iour que ledit achepteur en aura prins acte par deuant deux Notaires, ou autrement ſolemnellement, ſ'il eſt de roture, & ſ'il eſt tenu en fief, cōmencera ledict an & iour, du iour que ledict achepteur aura eſté receu en foy, & hōmage, ou du iour de la ſouffrance.

CVIII.

Et ſuffira, que le retrayant ſoit parent dudict vendeur, & du coſté d'ou prouient ledict heritage, ſans que le plus remot puiſſe eſtre exclud par le plus prochain, n'eſtoit qu'il fut concurrent.

CIX.

En eſchange d'heritage, n'y giſt aucun retraict, ſ'il eſt faict but a but, mais l'heritage eſchāgé ſortit la nature dudict heritage baillé en contre-change; & ſ'il y a ſolte, le retraict aura lieu pour l'égard & portion deſdictes ſoltes.

CX.

En vente d'heritage faicte a faculté de rachapt, y a retraict apres l'an & iour de ladicte faculté expiree, comme pareillement en vendition de rentes, cenſes, & en heritages de ligne delaiſſez a rente annuelle, ou perpetuelle, en payant par le retrayant, les charges qui y ſont, ce qu'auſſi on pourra faire pendant ledict temps.

DE RETRAICT LIGNAGER.

CXI.

On ne peut empirer l'heritage subiect a retraict, durant ledict an & iour, comme par pesches d'Estāgs, couppes de bois & autrement: Que si l'achepteur le faict, & l'heritage se retraict, il est tenu a la restitution des dommages & interests procedans de son faict, lesquels seront rabatus sur le pur sort, liquidation d'iceux prealablement faicte.

CXII.

Il faut, & suffit a la premiere iournee, audition & expedition de la cause, faire offre d'or & d'argent a descouuert, & a parfaire le remboursement du pur sort, frais, & loyaux cousts.

CXIII.

En matiere de retraict, l'on n'est tenu a rendre le pris en mesmes especes que l'achepteur l'aura desboursé, & aura ledict retraict lieu en eschange d'heritages de ligne, contre biens meubles, en payant par le retrayant la iuste estimation desdicts meubles.

CXIIII.

Entre loyaux cousts, sont comprins les frais des lettres, & contracts de vendition, acte de prinse de possession, & reception de foy, & hommage, auec les im-

penses necessaires, lots, & ventes, si aucuns en estoient
deüs, & auoient estez deüs par l'achepteur.

CXV.

Si aucun, se disant lignager, faict adiourner l'acquesteur, & que dedãs l'an & iour ledict acquesteur consente le retraict, & a reuendu l'heritage par luy acquis
a personne estrãge, le vray lignager qui viendra apres
dans l'an & iour sera receu, & l'adiourné tenu de luy
rendre l'heritage, du moins appeller celuy auquel il
aura cedé ledict heritage pour souffrir le retraict : &
supposé que depuis ladicte premiere vente, l'heritage
eut esté vendu plus grande somme, si ne sera tenu le
retrayant de payer sinõ la premiere somme, & loyaux
cousts, à cause des abus qui se peuuent cõmettre, sauf
au dernier acquesteur son recours cõtre son vendeur,
& pourra le retrayant s'addresser contre le detenteur,
ou acquesteur.

CXVI.

Aucun n'est receuable a vouloir retraire partie des
choses védues, & a delaisser l'autre, & sera le retrayant
cõtrainct de retirer la totalité de l'acquest, si bon semble a l'acquesteur, ou seulement ce qui se trouuera du
costé, duquel le retrayant est parẽt des choses védues;
le tout a l'option dudit acquesteur, de laquelle action
de retraict, sont competans autant le iuge de domicil,
que

DE RETRAICT LIGNAGER.

que celuy des lieux ou sont les heritages assis, si les personnes n'ont priuileges au contraire.

CXVII.

Qui n'est habile a succeder, il ne vient a retraict, & s'il n'est parent dedans le septiesme degré.

CXVIII.

Si aucun achepte heritages propres, d'autruy, à payer a certains termes, le retrayeur aura lesdicts termes, mais il doit donner bône seureté à l'achepteur de payer, & l'acquicter ausdicts termes, car le vendeur ne changera son debteur, s'il ne luy plait; & si le retrayeur ainsi ne le faict, il ne sera receu au retraict, s'il ne baille argent content, ou gages a l'achepteur, ou vendeur.

CXIX.

Lignagers en pareil degré, s'ils sont concurrans en leur action, auront, si bon semble, l'heritage subiect à retraict ensemblement, & exclura celuy qui aura preuenu en diligence, l'autre moins diligent.

CXX.

En vente de couppe de bois de haute fustaye, & autres taillis, n'y a retraict, n'estoit que telle couppe appartienne quelquesfois a aucun, & le fond a vn autre: Auquel cas, le maistre & Seigneur dudict fond, peut retirer ladicte couppe vendue, encores qu'il ne soit lignager du vendeur, en remboursant ledict pris, frais, & loyaux cousts.

CXXI.

Le retraict accordé, doit le retrayant, dedans trois iours apres, payer entierement le sort & pris de l'acquisition, & donner caution pour les frais & loyaux cousts, si iceux sont liquidez ; & au cas qu'ils seroient liquidez, les doit payer content, à peine d'estre decheu du droict de retraict.

CXXII.

L'heritage propre, donné en payement, ou recompense d'aucune chose, est subiect a retraict, la iuste estimation des choses donnees preallablement faicte.

CXXIII.

L'assignation qui sera donnee apres l'an & iour, n'excedera ledict an de plus de quinze iours, & faudra que l'adiournemét en cas de retraict, soit faict a personne, ou au domicil de l'acquesteur, s'il est demeurát audict Bailliage, & s'il n'y a domicil, suffira que ledict adiournement soit faict publicquement, & par affiche au lieu ou l'heritage est assis és lieux accoustumez a faire cris & publications.

CXXIIII.

Semblablement, les vendeur & acquesteur sont te-

DE RETRAICT LIGNAGER.

nus se purger par serment, du pris conuenu, & ledict acquesteur de monstrer lettres d'acquisition, pour sçauoir s'il y a termes portez par icelles, desquels en ce le retrayeur iouyra en donnant bonne & suffisante caution à l'achepteur pour payer & l'acquiter ausdits termes, & si l'achepteur afferme de plus grande somme que n'est celle par luy desbourcee, estant le pariure aueré, ledict achepteur perdra ses deniers, qui seront applicquez aux Seigneurs des lieux, où les heritages sont assis, & iceux heritages adiugez au retrayeur, sans payer aucuns frais, & loyaux cousts, auec despens.

CXXV.

L'an & iour de retraict court contre majeurs, ou mineurs presens, ou absens, soient qu'ils ayent esté aduertis de l'alienation desdicts heritages, ou qu'ils l'ayent ignorez.

CXXVI.

Action de retraict, ne peut estre cedee, ou transportee, au proffit d'autruy non lignager.

DES BOIS, PASQVIS, & Pasturages.

TILTRE XII.

CXXVII.

EN bois de couppe, & de vendue, l'on ne doit pasturer, quelques vsages que l'on y ait, iusques apres l'huictiéme fueille, sur peine de trois frans barrois, & restitution des dommages & interests.

CXXVIII.

Le temps de grainer, est des le iour sainct Michel inclus, iusques au premier de Mars exclud: Apres lequel temps escheu, les porcs trouuez esdicts bois, & appartenances a autres qu'aux vsagiers, sont acquis, & confisquez, s'ils sont trouuez & prins, sans le consentemét du Seigneur desdicts bois, s'il n'y a chartres, ou tiltres au contraire.

CXXIX.

Les habitans des villes, & villages, ont droict de vain pasturer, les vns sur les autres, de clochers a autres, fil n'y a tiltres, ou poſſeſſions a ce contraires, laquelle vaine paſture aura lieu depuis la deſpoüille, iuſques a ſaiſon plaine : & au regard des prez, iuſques au premier iour de Mars.

CXXX.

En quelque temps que ce ſoit, on ne peut mener, ou mettre porcs és prez, vignes, iardins, cheneuieres, à peine de trois frans barrois, & de reſtituer les intereſts aux particuliers deſdicts heritages.

CXXXI.

Vn Meſſier & commis a la garde des finages, eſt creu ſans recors iuſques a vn frans barrois.

CXXXII.

Les porteurs de paulx, & commis pour le regard des dixmes, apres qu'ils aurót preſtez, & faict le ſermēt ſolemnel, ſeront, auec vn teſmoing, creus en teſmoignage, contre les debteurs d'iceux, moyennant qu'ils ne ſoient fermiers deſdicts dixmes, ou aſſociez.

CXXXIII.

Eſt dict, garde faicte, quand celuy qui eſt commis a la garde du beſtail, eſt trouué gardant iceluy en l'heritage auquel le dommage eſt faict, ou que le gardien eſt pres dudict beſtail, de ſorte qu'il le peut voir, & ne faict diligence de les mettre hors, ou qu'il le meine & conduict audict heritage qu'il a declos & debouché, de maniere que ledict bestail y puisse entrer, apres laquelle ouuerture, & au moyen d'icelle y est ledict bestail entré.

CXXXIIII.

Si aucun heritage, n'est suffisammēt clos & bouché pour empescher l'entree du bestail des circonuoisins, lesdicts circonuoisins peuuent denoncer au seigneur, de le clorre dans quatre iours, & à faute de ce faire, ils peuuent de leur auctorité clorre ledict heritage, aux despens desdicts circonuoisins, pourueu que lesdicts heritages doiuent closture.

CXXXV.

En la saison que les bleds & autres grains sont plantez, & non cueillis, il est prohibé y mener les bestes pasturer, és chemins, & voyes publicques, prochaines desdicts fruicts, & bleds auant le poinct du iour, & les y tenir apres le Soleil couché, le tout sur peine d'amende arbitraire.

DES SVCCESSIONS,
& Testaments.

TILTRE XIII.

CXXXVI.

E mort saisit le vif, son plus prochain heritier habile a luy succeder *ab intestat*, sans apprehension de faict.

CXXXVII.

Homme, ou femme, soit noble, ou roturier, qui entre en aucune religion, apres qu'il a faict profession, des-lors, il est exclud de toutes successions escheües, & a escheoires, & viendront à ses propres parens (ainsi comme s'ils estoient decedez) & ne sont aucunement dediez ses biens à ladicte religion, sinon qu'il y eut dedication expresse.

CXXXVIII.

Homme d'Eglise, seculier, peut disposer de tous ses biens, ainsi que l'homme laic, iaçoit que lesdicts biens luy soient venus de ses benefices, ou d'ailleurs.

DES SVCCESSIONS,

CXXXIX.

Succeſſion de Pere, ou Mere, Ayeul, ou Ayeulle, ſera diuiſée par teſte, & non par licts, s'ils ſont en pareil degré, ſinon les enfans des enfans repreſenteront par lignees, auec leurs Oncles, ou Tantes, en la ſucceſſion des Ayeuls, ou Ayeulles, leur Pere, ou Mere.

CXL.

Renonciation faicte par filles en contract de mariage, s'entend eſtre faicte au proffict des freres, & ſœurs enſemblement.

CXLI.

Toutes donations faictes par Pere, Mere, ou autres aſcendans, ou deſcendans en precipuité & contract de mariage, & faueur d'iceluy, ſeront ſubiectes a collation & rapport, ſi doncques n'eſt qu'elles ſoient dónees en faueur des deux conioincts: Auquel cas, la moictie ſera ſubiecte a rapport ſeulement, & ſauf au donnateur, s'il eſt viuant, de recompenſer ſes autres heritiers, d'autant qu'il auroit donné à l'vn deſdicts conioincts, pourueu que la legitime ſoit gardee auſdicts enfans.

CXLII.

Collation, & rapport, ſe doiuent faire en ligne directe, & non collateralle.

Quand

CXLIII.

Quand aucun va de vie à trespas, sans hoirs procreez de son corps, sans Pere & Mere, Ayeuls, ou Ayeulles, les plus prochains du costé & estoc paternel, succedent pour la moictie des meubles & conquests, & les plus prochains du costé maternel, ont l'autre moictie. Et aux autres heritages, succedent les plus prochains lignagers des estocs d'ou ils sont venus.

CLXIIII.

Les vefues, des bastards estrangers, & n'estans dudict Bailliage, iouyront du doüaire a elles assigné, ensemble des droicts de communautez,

CXLV.

Les representations, auront lieu, tant en lignes directes, que collateralles, & en ensuiuant tousiours la regle *Paterna Paternis, Materna Maternis*, en ligne directe descēdant *in infinitum*, & en ligne collaterale, iusques aux enfans des freres, tant pour le regard des gens d'Eglise seculiers, que laiz inclusiuement.

CXLVI.

Quand, aucun habile a succeder *ab intestat*, paye creanciers, legats, ou faicts autres acts d'heritiers, il est tenu & reputé heritier, & ne peut apres, repudier ladicte succession, quelque protestation qu'il puisse faire au contraire, s'il n'est mineur.

H

DES SVCCESSIONS,

CXLVII.

Lignager qui se porte heritier simple, est à preferer à ceux qui se portent heritiers par benefice d'inuétaire, cōbien qu'il ne soit si prochain du defunct, que celuy qui requier estre admis par ledict benefice d'inuentaire, & ce tant en ligne directe que collateralle, pourueu qu'il soit soluable & donne caution.

CXLVIII.

Le Testateur, pourra exhereder son heritier, ou heritiers, pour les causes exprimees de droict, & non autrement.

CXLIX.

En diuision de meubles, entre le suruiuant de deux conioincts par mariage, & les heritiers du decedé, le suruiuant aura par aduantage ses vestemens de tous les iours; & si le suruiuant veut auoir le surplus de ses vestemens, il les pourra retenir, en payant la moictie desdicts vestemens, telle qu'elle sera estimee par les apreciateurs.

CL.

Succession roturiere, qui aduient à gens nobles, se departe roturierement, ensemble les choses roturieres de nouueau acquises, & quant aux choses nobles, elles se partiront noblement.

CLI.

Entre le fils emancipé, & non emancipé, n'y a aucune difference en matieres de succession.

CLII.

Enfans mariez, des deniers d'Oncles, Tantes, & autres leurs parens en ligne collateralle, ne seront tenus de rapporter aux successions de Peres, ou Meres, ny desdicts Oncles, Tantes, & autres leurs parens, ce qu'ils ont eu en mariage en tout, ny en partie, s'il n'est expressement dict au traicté de mariage.

CLIII.

Ne sont subiects aussi a rapport, les bancquets faicts aux fianceailles, & mariages, par Peres, ou Meres, a aucuns de leurs enfans, ny au semblable les habits ordinaires d'iceux, ains seulement ceux qui auront esté faicts pour ledict mariage, auec les bagues & ioyaux pour iceluy.

CLIIII.

Celuy ou celle, a qui est faict don par mariage, ou autrement, a charge de rapport, peut, si bon luy semble, se tenir a ce que luy est donné, sans venir à la succession à laquelle autremét il deuroit rapporter, pourueu toutesfois que la portion deüe soit gardee a vn chacun desdicts heritiers.

DES SVCCESSIONS,

CLV.

Le Teſtament eſt reputé vallable faict en preſence de deux Notaires, ou en leur abſence par le Curé, ou Vicaire, en preſence de trois teſmoins non legataires, ou qu'il ſoit eſcrit, & ſigné de la main du teſtateur ſans teſmoins, & en tous cas qu'il ſoit ſigné du teſtateur, & des teſmoins, ſ'ils ſçauent ſigner, ſinon faire mention qu'ils declarent ne pouuoir ſigner, & qu'il ſoit leu, & releu au teſtateur, & la minute du Teſtament demeurera au teſtateur, ſans que les Notaires, Curez, ou Vicaires en puiſſent retenir aucun enſeignement.

CLVI.

Aucun, ne peut eſtre heritier & legataire enſemble: Toutesfois il eſt permis à celuy qui peut eſtre heritier, accepter ou prendre, comme perſonne eſtrange, les legs à luy faicts, en delaiſſant l'heridité dudit defunct, & renonceant à icelle dans quarante iours, pourueu que les heritiers ne ſoient greuez indeuëment, & que la legitime leur ſoit gardee.

CLVII.

Le legataire, de ſon auctorité ne peut prendre les choſes à luy leguees, ny ſ'en dire ſaiſi, mais faut qu'elles luy ſoient baillees & deliurees par les executeurs du Teſtament, ou heritiers du decedé, ſi n'eſtoit que le donnataire fut ſaiſi de la choſe donnee auant le decez du testateur: Toutesfois la deliurãce actuelle des legs immeubles, ne peut estre faicte par les executeurs du Testament, sans appeller l'heritier.

CLVIII.

Executeurs de Testament, apres le decez du testateur, demeurent saisis des meubles & conquests immeubles d'iceluy defunct durant l'an & iour de l'execution: Et en faute d'iceux, demeurent aussi saisis des biens anciens du testateur, iusques à la concurrence de leur execution: Toutesfois ils doiuent prendre lesdits biens par iustice, & par inuẽtaire, l'heritier present, ou deuëment appellé, si dõcques n'est que l'heritier offre reellement & de faict deniers suffisamment pour ladicte execution testamentaire.

CLIX.

Et apres l'an du decez du Testateur passé, seront les executeurs cõtraincts de rendre cõpte par deuãt leurs iuges laics & ordinaires.

CLX.

Peuuent lesdicts executeurs receuoir les debtes dudict defunct, sans le sçeu & consentement de l'heritier dont les obligations & cedules leur aurõt esté baillees par inuentaire, & non autrement.

CLXI.

Sont tenus de payer les debtes du testateur clers &

cognus durant l'an & iour de l'execution, l'heritier sommé refusant de prendre la cause pour eux, ou leur administrer deffence & preuue pour empescher ledict payement.

CLXII.

N'y a aucun different, entre Testament, & Codicil.

CLXIII.

Substitution d'heritier, faicte en Testament, ou autre disposition, ne vaut aucunement, soit par forme de legat, ou autrement.

CLXIIII.

Pere, Mere, ou a leur defaut, Ayeul, ou Ayeulle, succedent a leurs enfans decedez sans hoirs legitimes procreez de leurs corps, en tous meubles & acquests, en payant les debtes.

DES DONATIONS.
TILTRE XIIII.
CLXV.

DONNER, & retenir ne vaut, & faut que celuy qui donne se dessaisisse de la chose donnee, & ce actuellemét, ou par clause translatiue de possession, comme constitue, reténtion d'vsufruict precaire, ou autre, soit que la donation soit faicte en faueur de mariage, ou autrement.

CLXVI.

Vn homme, & femme conioincts ensembles par mariage, estans en bonne santé, peuuent par donation mutuelle pareille & égalle faicte entre vifs, dóner l'vn à l'autre, & au suruiuant d'eux, sans le consentement de leurs parens, tous leurs biens meubles, & cóquests immeubles du premier mourant, pour iouyr par le suruiuant en vsufruict seulement au cas qu'il n'y ait enfans, soit dudict mariage, ou autre: Et sera le suruiuant saisi des choses à luy dónees pour intéter actions possessoires, contre ceux qui voudroient troubler, soit contre les hoirs du decedé, ou autres: Ce neantmoins est tenu faire inuentaire, & donner caution de rendre les choses en bon estat l'vsufruict finy: Et ou le suruiuant sera en demeure de faire inuentaire, & dóner caution, les hoirs du predecedé pourrôt requerir par deuant le iuge, la surceance de l'vsufruict, & le sequester des choses donnees, desquelles leur seront faictes & adiugees.

CLXVII.

Donnation faicte par Pere, ou Mere, à vn, ou plusieurs de leurs enfans, soit de la totalité, ou plus grande partie de ses biens, est reputee inofficieuse, sans qu'elle ait lieu, au preiudice des autres enfans, encores qu'elle

DES DONATIONS.

ait esté faicte à charge de nourrir lesdits Pere & Mere, pourueu que lesdicts enfans au preiudice desquels est faicte ladicte donation, n'ayent esté refusans de contribuer a la nourriture de leurs parens.

CLXVIII.

Donation mutuelle, ne pourra estre reuocquee par l'vne des parties, sans le consentement de l'autre, & feront toutes donations faictes entre vifs, subiectes à insinuation.

CLXIX.

Femme mariee, ne peut faire donation, sans le consentement de son mary.

CLXX.

Donation d'heritages, faicte par Peres, ou Meres, à leurs enfans en accroissement & faueur de mariage, sortit nature de propre; & neantmoins, si celuy ou celle, a qui ladicte donation a esté faicte va de vie à trespas sans hoirs procreez de son corps, ledict heritage retourne ausdicts Peres, & Meres qui l'auront donné: Toutesfois si ladicte donation estoit faicte par expres aux deux conioincts, il n'en demeureroit qu'vne moictie propre.

DES

DES PRESCRIPTIONS.

TILTRE XV.

CLXXI.

Ovtes choses subiectes à prescrire, se prescriuent par le possesseur, par l'espace de dix ans, auec tiltres & bonne foy entre presens, & entre absens aagez & non priuilegez, par l'espace de vingt ans, & sans tiltres par l'espace de trente ans, & contre l'Eglise par quarante ans.

CLXXII.

Arrerages de rentes constituees à pris d'argent, se prescriuent par cinq ans, & les arrerages des censes par dix ans, s'il n'y a compte, sentence, promesse, ou interpellation iudiciaire au contraire.

CLXXIII.

Faculté de rachepter toutesfois & quantes, est prescriptible par le temps & espace de trente ans.

CLXXIIII.

Prescription, ne court durant le mariage, contre la

DES SERVITVDES.
femme de ses biens dotaux ou parseonaux, si l'alienation faicte par son mary, n'a esté de son consentement.

CLXXV.

S'il y a interruption d'an & iour, entre parties qui plaident sur matieres de retraict, le defendeur qui a comparu & obey, prescrira le droict de retraict contre sa partie aduerse, & tous autres, sans esperance de relief de ladicte interruption.

DES SERVITVDES.

TILTRE XVI.

CLXXVI.

EN mur commun, on ne peut faire veüe, sans le consentement du comparsonnier.

CLXXVII.

Si en terre commune, l'vn des communs edifie mur, & l'autre commun s'en veüille aider pour edifier, ou autre chose faire, il le pourra faire en payant la moitie pour rate de ce que ioinct son heritage, & pourra empescher celuy qui l'aura edifié, iusques à ce qu'il soit payé de ladicte moictie.

CLXXVIII.

En mur commun, chacune des parties peut percer outre le mur pour asseoir poultres & somiers, & autres bois, en refermant les pertuis, sauf à l'endroict des cheminees, ou l'on ne peut mettre aucun bois.

CLXXIX.

Si le mur est moitoyen entre voisins, celuy qui n'y a aucun droict n'y peut mettre ny asseoir aucune chose.

CLXXX.

On ne peut pretendre droict de veüe ou degout, sur l'heritage d'autruy par quelque temps qu'il l'ait tenu, & n'emporte aucun droict de saisine ; & ne se peut acquerir tel droict, sans tiltres expres.

CLXXXI.

Il est loisible esleuer son édifice sur sa place, à plomb & à ligne si haut que l'on veut, & côtraindre son voisin de retirer cheurons, & toutes autres choses estans sur la place, encores qu'ils y ayent esté mis des cent ans & plus, moyennant que ce soit pour son aduantage, & sans preiudice d'autruy.

CLXXXII.

Courbeaux mis d'ancienneté, ou fenestres à demy

DES SERVITVDES.

mur, font demonſtrance que le mur eſt moictoyen entre deux voiſins, ſi par tiltres il n'appert du contraire.

CLXXXIII.

Qui faict édifier, doit faire ſes veües qui regardent ſur l'heritage d'autruy, de huict pieds de hauteur par bas eſtage, & de ſept pieds par haut eſtage, & mettre és feneſtres verres dormans, auec barres & barreaux de fer, en maniere que l'on ne puiſſe paſſer, ny endommager ſon voiſin.

CLXXXIIII.

On ne peut faire retraicts & aiſances contre mur cōmun, ſans y faire contremur de pierres, de chaulx & ſable d'vn pied d'epeſſeur, pour euiter que l'ordure ne pourriſſe ledict mur, ſ'il n'y a tiltres au contraire.

CLXXXV.

Si vne maiſon eſt diuiſeé entre pluſieurs y ayans droit, en telle maniere qu'vn ait le bas, & l'autre le deſſus: celuy qui a le bas eſt tenu d'entretenir & ſouſtenir les édifices qui ſont au deſſoub du premier plancher.

CLXXXVI.

Et celuy qui a le deſſus, eſt tenu d'entretenir & ſouſtenir la couuerture, & autres édifices, enſemble le paué, ou plancher de ſa demeure, ſ'il n'y a conuention au contraire.

DES SERVITVDES.
CLXXXVII.

On ne peut auoir ny tenir esgousts, au moyen desquels les immondices puissent cheoir, ou prendre conduits aux puits, Citernes, Caues, ou autres lieux au parauant édifiez.

CLXXXVIII.

En closture moitoyenne, chacun sera tenu y contribuer pour sa part.

CLXXXIX.

Toutes murailles & cloisons estátes dedans les villes fermees, par ladicte Coustume, seront communes aux voisins d'icelles, en payant toutesfois par ceux qui ne les aurôt faictes ny basties ny aydé à faire ou bastir, à celuy qui les aura fait faire, ou a ses ayás causes, la moictie de la façon & frais de ladicte muraille ou cloison, & la moitie du fond d'icelles quád ils s'en voudrôt ayder, poureu que lesdictes murailles & cloisons soient suffisantes pour porter & soustenir ledict bastiment.

CXC.

A rapports de iurez, deüement faicts, & par auctorité de iustice, parties presentes, ou appellees, de ce qui gist en leur art & industrie, foy doit estre adioustee.

CXCI.

Quand aucun faict édifice, & repare son heritage, son voisin luy est tenu dóner & prester patience à ce

I iij

DES SERVITVDES.
faire, en reparant & amendant deüement ce qu'il aura rompu, demoly, & gasté à sondict voisin.

CXCII.

Il est loisible à vn voisin, contraindre, ou faire contraindre par iustice, son comparsonnier à refaire mur ou édifice commun, & de luy en faire payer telle part & portion qu'il à audict mur & édifice.

CXCIII.

Quand il y a Arbres fruictiers au confinage de l'heritage de deux voisins, encores que ledict Arbre soit enclos au fond de l'vn, si est-ce que la moitie des fruicts qui tombent sur l'heritage de sondict voisin, se partagent en deux parts, dont l'vne demeure à celuy sur le fond duquel les fruicts tombent, & l'autre moictie à celuy sur le fond duquel est assis ledict Arbre, & d'ou prouiennét les fruicts, & si ledict Arbre est entre les deux heritages, autát d'vne part que d'autre, se partagent les fruicts.

DES BASTARDS.

TILTRE XVII.

CXCIIII.

LE Bastard, soit qu'il soit yssu de gens d'Eglise ou laic, peut acquerir tous biens meubles & immeubles, & d'iceux disposer par contracts d'entre vifs, & disposition testamentaire.

CXCV.

Ne succedent toutesfois *ab intestat*, ou par testament à leurs parens lignagers, de quelques estats qu'ils soient.

PROCEZ VERBAL.

L'AN *MIL CINQ CENS QVATRE* vingt, le huictieme iour du mois d'Octobre, A nous Messire Philbert du Chastellet, Seigneur dudict lieu, Sorcy, Doncourt, Gironcourt, &c. Conseiller de nostre Souuerain Seigneur Monseigneur le Duc, &c. Bailly du Bassigny, furēt presentees certaines lettres patentes, par Maistre Claude Villiers Procureur general audict Bailliage, émanees de nostredict Souuerain Seigneur, en date du premier dudict mois, par lesquelles nous estoit commandé conuocquer les Estats dudict Bailliage pour le faict de la redaction des Coustumes d'iceluy, desquelles lettres patentes, la teneur s'ensuit.

CHARLES, PAR LA GRACE DE Dieu, Duc de Calabre, Lorraine, Bar, Gueldres, Marchis, Marquis du Pont-à-Mousson, &c. A nostre trescher & feal Conseiller & Bailly du Bassigny Philbert du Chastellet, ou son Lieutenant general, Salut. Comme au mois d'Aoust mil cinq cens septāte & vn, nous vous eussions decerné commission pour faire conuocquer en nostre ville de Bourmont, les trois

PROCEZ

Eſtats de noſtre Bailliage du Baſſigny, pour la redaction des Couſtumes d'iceluy, & d'eſlors benignement ouy & receu leurs remonſtrances redigees & preſentees par eſcrit: Auſquelles toutesfois nous ne peuſmes entendre n'y pouruoir de remede conuenable au ſoulagement de noz ſubiects, pour auoir noſtre bõne intention eſté retardee, tant par la malice & iniure du temps, que pour auoir veu & cognu pluſieurs articles propoſez d'eſlors par leſdicts Eſtats, eſtre contraires à l'ancienne & loüable obſeruance, portee par le viel cayer des Couſtumes, qui d'eſlors leur fut preſenté. Ce qu'ayans mis en deliberation des gens de noſtre Conſeil, aurions trouué bon & expedient, pour le bien de la Iuſtice, de les reformer en aucuns poincts: Mais parce que noſtre droicturiere intétion, a eſté, de pouruoir au bien commun de noſdicts ſubiects, & ordonner ſur les Couſtumes, tant generalles, que municipalles de noz pays, par l'aduis & conſentement deſdicts Eſtats auons trouué raiſonnable, de faire de rechef iceux aſſembler pour veoir & entendre les iuſtes & pertinentes occaſions qui nous auroit meu de reformer leſdits articles, afin de rédre tant plus certaines à l'aduenir leſdictes Couſtumes, & icelles eſtablir pour loix inuiolables. POVRCE EST IL, Que nous vous mandons, & à chacun de vous ordonnons, que ceſtes par vous receües, vous ſignifiez, & faictes ſignifier, aux gẽs d'Egliſe, Vaſſaulx, & gens de la nobleſſe, & à ceux du tiers Eſtat de voſtredict Bailliage, pour eſtre & comparoir

VERBAL.

(ou Procureurs suffisammēt fondez pour eux) dedans le septiéme iour du mois de Nouembre prochainement venāt, en nostre ville de la Mothe, pour leur aduis, & remonstrances sur ce bien & deuëment considerez (ouy sur ce nostre Procureur general dudict Bailliage) estre par nous en apres passé outre à l'omologation desdictes Coustumes, comme nous verrons à faire par raison pour plus grande auctorité & approbation d'icelles. DE CE FAIRE, vous auons donné, & donnons pouuoir, mandement, & commission specialle: Voulans, à vous en ce faisant, estre obey & entendu diligemment par tous qu'il appartiendra. Car ainsi nous plait. EN TESMOINS DEQVOY, nous auōs à cesdictes presentes, signees de nostre main, faict mettre & appendre nostre grand seel. Donné en nostre Chasteau de Louppy, le premier iour d'Octobre mil cinq cens quatre vingt. Ainsi signé CHARLES, Et sur le reply est escrit. PAR MONSEIGNEVR LE DVC, &c. Les Seigneurs de sainct Balmont Bailly de Vosges, de Ligneuille Capitaine de la Mothe, Voüé de Condé, & Bournon Maistres des Requestes ordinaires, presens, & contresigné pour Secretaire C. Guerin, & Regiſtrata idem pro M. Henry, & seellees de cire rouge, à double queuë de parchemin pendant.

Pour executer lesquelles lettres patentes, aurions decerné noz lettres de commission, & faict donner assignation aux gens des trois Estats dudict Bailliage,

K ij

PROCEZ

pour comparoir par deuant nous en la ville de la Mothe, le septieme iour du mois de Nouembre prochain, desquelles lettres de commission la teneur s'ensuit.

PHILBERT DV CHASTELLET, Cheualier, Seigneur dudict lieu, Sorcy, Doncourt, Gironcourt, Bize, Conseiller & Chambelan de Monseigneur, Bailly du Bassigny, Au premier Sergent dudict Bailliage sur ce requis, Salut. SÇAVOIR FAISONS, Que veües les lettres patentes de nostre Souuerain Seigneur, en date du premier des present mois & an, & a nous adressees; par lesquelles il nous est mãdé, faire signifier icelles aux gens d'Eglise, Vassaulx, & gés de la noblesse, & du tiers Estat dudict Bailliage; à ce, d'estre & comparoir, ou Procureurs pour eux specialement fondez, dans le septieme du mois de Nouembre prochainement venãt, en la ville de la Mothe, afin d'entendre à la redaction des Coustumes dudict Bailliage; & sçauoir de son ALTESSE, les causes & occasions pour lesquelles, elle trouue expedient corriger & reformer certains articles proposez en l'an mil cinq cens septante & vn, par les deputez desdicts Estats, comme contraires à l'ancien cayer & vsage notoire de tout téps audict Bailliage; pour, le tout bien & deuëment consideré, estre passé outre à l'omologation desdictes Coustumes, ainsi qu'il se trouuera estre à faire par raison. A CES CAVSES, nous vous mandons, & commettons, Que, à la requeste du Procureur general audict Bailliage, vous ayez a assigner en ladicte ville de la Mothe, les gens desdicts Estats, a estre & cóparoir, ou Procureur pour eux suffisamment fondez, au septieme iour du mois de Nouembre prochainement venant, pour entendre par les deputez de sadicte ALTESSE, les causes & occasions qui meuuent icelle, de reformer iceux articles, pour, eux sur ce entendus, & le tout cósideré, estre procedé à l'omologation desdictes Coustumes, comme il appartiendra: Auec inthimation que s'ils ne comparent audict iour, il sera passé outre en leur absence, sans qu'il soit de besoin d'autres assignations: Et en outre signifier aux Communautez des villes, Bourgs & villages dudict Bailliage, que leur auons permis s'assembler en faict de communauté, pour passer Procuration par eux par deuant la Iustice des lieux pour le faict de ladicte cóuocation, contenante leurs remóstrances & consentemét qu'ils entendent faire, sans qu'ausdictes assemblees, ils puissent traicter & aduiser d'autres choses. De ce faire, vous dónnons pouuoir, mandons en ce faisant, estre obey, en certifiant de vostre exploict. Donné soubz nostre seel, le douzieme iour du mois d'Octobre mil cinq cens quatre vingt. Ainsi signé, Blancheuoye, & scellé en placart de cire verde.

Et le septieme iour dudict mois de Nouembre mil cinq cens quatre vingt, estans en ladicte ville de la Mothe, Nous serions transporté en l'hostel de Dame

PROCEZ

Catherine de Sandrecourt, vefue de defunct Meſſire Chriſtophe de Ligneuille, en ſon viuant Cheuallier de l'ordre du Roy, Seigneur dudict Ligneuille, Tumeius, Hoüecourt, &c. Conſeiller de noſtredict Souuerain Seigneur, & Capitaine de l'Artillerie de Lorraine & Barrois: Ou aurions faict preparer vne ſalle pour ſeance deſdicts Eſtats, & y eſtans, ordonné que les comparans feroiët leurs preſentations au Greffe, & par deſſus continuees les aſſignations au lendemain huictieme dudict mois.

Auquel iour & lieu, aurions faict faire lecture deſdictes lettres patentes, par noble homme Iean Blacheuoye Greffier ordinaire audict Bailliage. Apres laquelle, ledict Procureur nous auroit remonſtré, que ſuiuant noſdictes lettres de commiſſion, aſſignation eſtoit donnee audict iour en la ville de la Mothe, aux gens des trois Eſtats dudict Bailliage, requerant qu'ils fuſſent appellez, ce qu'aurions ordonné eſtre faict par ledict Blancheuoye.

Et apres que ledict Procureur, à remonſtré auoir faict donner aſſignation aux manans & habitans, & Communauté de Girefontaine, Sainct Loup, Ianey, Plamemont, Belligny, Corbellay, Alliuilliers, La-voiure, & Francalmot, village de la terre, Preuoſté & reſſort de Conflans, cóme apparoiſſoit par les exploicts de François Barbier, & François Clerget Sergés audict

onflans, auons audict Procureur, ce requerant, con-
re les deſſus nommez non comparans, ny autres pour
ux, octroyé defaut, & dict qu'il ſera paſſé outre, tant
n'leur abſence, que preſence, à la preſente redaction,
ans qu'ils ſoit beſoin de nouueau les appeller: ſauf ſils
ōparent pendant la ſeance, qu'ils ſerōt ouys & receus.

Auquel Procureur, ce requerant, a eſté pareillement
octroyé defaut contre les manans & habitans de Vogecourt, & de Clinchamp, non comparans, auec tel
prouffit que deſſus.

Ledict Procureur general, à remonſtré, Que comme des l'an mil cinq cens ſeptante & vn, noſtredict
Souuerain Seigneur nous eut decerné cōmiſſion, afin
de conuocquer & aſſembler en la ville de Bourmont,
les gens des trois Eſtats dudict Bailliage, pour proceder à la redaction des Couſtumes d'iceluy: auſquels
furent preſentez, les vieux & anciens cayers d'icelles:
ſur leſquels ils auroient adiouſté & diminué: meſmes
interpreté ce que bon leur auroit ſemblé, & en fin preſenté à ſon ALTESSE vn cayer nouueau, contenāt les
articles qui leur ſembloit eſtre par cy apres obſeruez,
leſquels, veüs par icelle, elle auroit trouué expedient
reformer aucuns d'iceux, comme du tout contraires à
l'ancien vſage. Occaſion, que de rechef aurions eu cō-
mandement d'aſſembler leſdicts Eſtats en ce lieu de la
Mothe, pour leur declarer les cauſes qui l'auroiēt meu

à faire ladicte reformation, pour, ce faict & auec leur aduis & confentement, omologuer lefdictes Couftumes, pour le bien repos & foulagement des fubiects dudict Bailliage. Et pour mieux inftruire lefdicts des Eftats, de l'intétion de fadicte ALTESSE, auroit ledict Procureur requis lecture eftre faicte dudict ancien cayer, enfemble de celuy contenát lefdictes reformations, lefquels deux cayers, à cefte fin il à reprefenté, pour fur le tout donner aduis, s'en accorder, ou dire ce que bó leur femblera: Surquoy faifans droict, auós ordóné, que lecture fera faicte defdits cayers, pour apres icelle, eftre libre & permis aufdicts des trois Eftats, adioufter à iceux articles, diminuer, interpreter, s'en accorder, ou difcorder comme ils verront eftre à faire: Ce qu'a efté faict par ledict Blancheuoye hautement & intelligiblement. Et apres ce, auons cótinué noftre feance au dixieme dudict mois, aux fept heures du matin, en attendant les huict.

Auquel iour à ladicte heure, nous nous fommes tranfportez en ladicte falle : ou lefdicts des Eftats nous ont requis auoir ample cómunication dudict ancien cayer, enfemble de celuy contenant les reformations faictes par fadicte ALTESSE, afin de plus meurement donner aduis à iceluy ; dauantage, pour euiter aux defpens & frais exceffifs, & ne tomber en confufion, qu'il leur fut permis de choifir de chacun Eftat, quelques perfonnages d'entre eux iufques au nombre de

cinq,

VERBAL. 36

cinq, pour par iceux, au nom de tous les assistans, accorder & conclure sur le faict de ladicte redaction, & y faire ce qu'ils trouueroient y estre expedient, & ausquels, à ceste fin, seront lesdicts cayers communiquez. ce que leur auons permis: suiuant laquelle permission, ont tous d'vn accord & consentemēt esleus & choisis:

Sçauoir pour l'Estat Ecclesiastique.

REVERENDS Peres en Dieu, Anne du Chastellet, Abbé de Flabemont, Philippes de Choiseul Abbé de Mureau, Gabriël de Sainct Brlin, Abbé de Morimont, Maistres Nicol Leuain Doyen de la Chrestienté de Bourmont, & Chanoine de la Mothe, & Paris Huart Doyen de la Chrestienté de Gondrecourt, & Curé dudict lieu.

Pour l'Estat de la Noblesse.

HAVLTS & puissans Seigneurs, Iean du Chastellet Seigneur des Thons, Cheuallier de l'ordre du Roy, Lieutenāt de cent hommes d'armes soub son Altesse, Gouuerneur de Langres, René d'Anglure Seigneur de Ligneuille, & Melay, Conseiller de mondict Seigneur le Duc, Gouuerneur & Capitaine de la Mothe, Christophle de

L.

PROCEZ

Choiseul, Cheuallier de l'ordre du Roy, Gentil-homme de sa Chambre, Seigneur de Chamerende, & Verecourt en partie, Iacques de Luz Cheualier dudict ordre, Seigneur de Bazoilles en partie, Neufuille en Verdunois, & honoré Seigneur Claude des Verrieres, Chambelan de sadicte Altesse, & Seigneur d'Amanty.

Pour le tiers Estat.

MAISTRES Mammes Collin, Matthieu Aulbertin, & Regnauld Gorret Aduocats, Iean Gourdot, & Oliuier de Halterel, Procureur audict Bailliage.

Ce faict, nous a ledict Procureur remonstré auoir faict donner certaines assignations au lendemain onzieme dudict mois, auquel iour partant auons continué ladicte seance à huict heures du matin en attendant les neuf, pour receuoir les comparitions des assignez, ausquels ferions entendre ce qu'auoit esté faict és iours precedens, signamment l'election & pouuoir desdicts deputez, pour eux ouys, estre ordonné ce que de raison.

Et ledict iour de vendredy, à ladicte heure de huict du matin, ont comparus en la sale desdicts Estats, les manans & habitans, ville & Cōmunauté de Conflans, Haulte-ville, & Dampierre par Iean Meurtel fondé de

Procuration, qui ont requis le rabat du defaut contre eux octroyé, lesquels, ensemble tous les autres des trois Estats, auós aduerty de l'election & pouuoir desdicts deputez, & iceux admonesté, que s'ils auoiēt aucune cause de suspition contre aucun d'iceux, & ils les vouloient alleguer, ils y seroient receus : Surquoy, & apres qu'il ne s'est trouué aucun qui ait resisté a ladicte election, ou proposé aucune cause de suspition, auós icelle election confirmé & confirmons. Et ont lesdicts deputez & esleus promis de sincerement, & en leur conscience dire la verité sur le faict desdictes Coustumes, & anciennes obseruances d'icelles, & que postposans toutes affections & passions particulieres, ils proposeront & mettront en auant, tout ce qu'ils sçauront estre vtil & profitable au public, & pour le repos & soulagement des subiects dudict Bailliage : és mains desquels, auons mis lesdicts Cayers, pour incessammēt & iours apres autres, estre aduisé sur les interpretations, accord ou discord des articles y contenus.

Et le samedy dixneufieme iour dudict mois, iceux deputez ont comparu, & declaré auoir par plusieurs & diuers iours communiqué & aduisé sur l'accord & discord des articles du cayer contenāt lesdictes reformations faictes par son Altesse, sur celuy que les deputez des Estats de Bourmont auoient presenté en l'annee mil cinq cens septante & vn, & que satisfaisans à leur charge, ils auroient conclus sur les Coustu-

L ij

mes dudict Bailliage, selon qu'ils les auroient trouué bonnes, vtiles & proffitables pour le repos des subiets d'iceluy, & suiuant lesquelles, par cy apres ils deuront estre regis & gouuernez : desquelles ils auroient faict dresser vn cayer à part, qu'ils ont exhibé, signé de leurs mains, & iceluy faict presenter à sadicte Altesse par ledict Seigneur de Flabemont, requerans treshumblement icelle qu'il luy pleut proceder à l'omologation & verification d'iceluy.

Ce faict, le vingt & vnieme du mesme mois de Nouembre, suiuant les lettres patentes de nostredict Souuerain Seigneur, en date du iour precedent, le cayer desdictes Coustumes, de nostre ordonnance, à la requeste dudict Procureur general, a esté publié hautement par ledict Blanchenoye en la salle desdicts Estats, & ordonné qu'elles seront leües, publiees, & registrees, és Regiftres de chacun siege dudict Bailliage, afin que par cy apres, l'on n'en puisse pretendre cause d'ignorance, & que lesdictes patentes d'omologation seront inserees à la fin desdictes Coustumes. Faict en ladicte ville de la Mothe, les an & iour que dessus.

S'ENSVIT LA TENEVR
desdictes lettres d'omologation.

CHARLES, PAR LA GRACE DE Dieu, Duc de Calabre, Lorraine, Bar, Gueldres, Marchis, Marquis du Pont-à-Mousson, &c. A tous presens & à venir, Salut. Comme dés le temps qu'il pleut à Dieu nous appeller au regime & gouuernement de noz pays, terres, & Seigneuries de nostre obeyssance, nous ayons tousiours vne droicturiere intention d'aduiser à ce qui concerne le repos, bien, & soulagement de noz subiects, & oster toutes occasions de diuisions, contentions, & procez entre iceux: & mesmes retrancher celles qui iournellemēt s'engendrent, faute d'auoir Loix & Coustumes certaines pour les regler. A ceste occasion, & desirans de les redimer de telles vexations, & de remettre la Iustice en son ancienne integrité & splendeur, nous aurions des l'an mil cinq cens septante & vn, decerné commission, à nostre trescher & feal Conseiller Philbert du Chastellet, Sieur dudict lieu, Doncourt, Gironcourt, Bailly du Bassigny, pour faire conuocquer les Estats dudict Bailliage, afin d'aduiser de commettre & deputer entre eux, d'vn chacun desdicts Estats, quelques

L iij

personnages, pour estre par eux (ouys sur ce les gens de nostre Conseil, & Procureur general audict Bailliage) procedé à la redaction d'iceluy sur le viel & ancien cayer qui leur seroit proposé & mis en auāt, ausquels ils pourroient adiouster ou diminuer: Mesmes declarer & interpreter ce qu'ils verroient estre necessaire & expedient pour le repos & contentemēt de nosdicts subiects. Occasion que lesdits trois Estats (suiuant l'assignation a eux donnee) auroient d'eslors comparus en nostre ville de Bourmont, & d'vn commun accord & consentement, deputez desdicts Estats certains personnages d'entre eux, qui auroient par plusieurs iours vacquez au faict de ladicte redaction, & en fin nous renuoyé certains cayers clos & fermez, cōtenans les declarations & interpretations qui leur auroient semblé estre vtiles & necessaires d'estre adioustees à l'ancien, nous supplians approuuer & auctoriser icelles, ou autrement en ordonner: A quoy pour lors n'y auroit eu moyen d'entendre pour plusieurs occasions & empeschemens à nous suruenus. Et dautant que depuis ledict temps, aucuns desdicts deputez auroient allé de vie à trespas, & auant la verification desdictes Coustumes, aurions, par autre commission datee du premier d'Octobre dernier passé, ordonné à nostredict Bailly, faire de rechef assembler les trois Estats dudict Bailliage, en nostre ville de la Mothe, pour le septieme du present mois de Nouembre, pour entendre de nous les causes pour lesquelles nous au-

VERBAL.

rions esté iustement meu de reformer aucuns desdits articles du cayer proposé audict Bourmont, pour estre iceux contre l'ancienne obseruance & vsage dudict Bailliage; lesquels trois Estats cōparans, auroient receu ledit ancien cayer, & par ensemble cōmuniquez sur la reformation d'iceluy, & à ceste fin deputez d'entre eux de chacun Estat, cinq personnages, sçauoir pour l'Estat Ecclesiastique, Reuerends Peres en Dieu Anne du Chastellet Abbé de Flabemont, Philippes de Choiseul Abbé de Mureau, Gabriël de Sainct Belin Abbé de Morimont, Maistre Nicol Leuain Doyen de la Chrestienté de Bourmont, Chanoine de la Mothe, & Maistre Paris Huart, Doyen de la Chrestienté de Gondrecourt, & Curé dudict lieu. POVR l'Estat de la Noblesse, les Sieurs Iean du Chastellet, Cheuallier de l'ordre du Roy, Seigneur de Thons, Gouuerneur de Langres, René d'Anglure, Cheuallier, Seigneur de Ligneuille & Melay, Gouuerneur & Capitaine de la Mothe, Christophle de Choiseul, Cheuallier de l'ordre du Roy, Capitaine de Coiffy, Sieur de Verecourt, Iacques de Luz Seigneur de Bazoilles, & Claude des Verrieres, Seigneur d'Amanty. POVR le tiers Estat, Maistres Mammes Collin, Regnauld Gorret, Matthieu Aulbertin, Iean Gourdot, & Oliuier de Hasterel, Aduocats & Procureurs audict Bailliage, lesquels, apres auoir recognu ledict ancien cayer, & cōferé entre eux sur les anciens vsages & obseruances dudict Bailliage, auroient tombé d'accord de certain cayer qu'ils nous auroient presenté, figné de leurs mains, & nous ont fupplié treshumblemẽt qu'il nous pleut iceluy auctorifer, & omologuer, pour eftre les Couftumes y contenuës, par cy apres gardees inuiolablement pour Loix par tout ledict Bailliage & reffort d'iceluy. SÇAVOIR FAISONS, Que le tout veu en noftre Confeil, fignamment ledict cayer figné par lefdicts deputez, & ouy fur ce noftredict Procureur general audict Bailliage, nous, par l'aduis des gens de noftredict Confeil, auons omologué, confirmé, & auctorifé, omologons, confirmons, & auctorifons ledict cayer & articles defdictes Couftumes. Ordonné & ordonnons, que dorefenauant elles feront entretenües gardees & obferuees pour Loix, Couftumes certaines & inuiolables. Condamné, & condamnons, tous & chacuns ceux dudict Bailliage, & reffort d'iceluy, prefens & à venir, à les receuoir & obferuer de poinct en poinct: leur faifons inhibitions & deffence de pofer, articuler, ny faire efcrire dorefenauant, & pour l'aduenir, autres Couftumes. Et à noz Baillys, Preuofts, Mayeurs, leurs Lieutenans, & autres noz Officiers dudict Bailliage, qu'ils ne reçoiuent les parties qui plaideront par deuant eux, à pofer, deduire, articuler autres Couftumes, ny les receuoir à informer fur icelles par turbes, ny autrement, que par extraict. Faifons auffi inhibitions & deffences, à tous Aduocats, Procureurs, & autres, de pofer, articuler en iugement, ny ailleurs, par leurs plaidoyez, efcritures, ny autrement, autres Couftumes

VERBAL.

ſtumes que les ſuſdictes accordees par leſdicts trois Eſtats. Si DONNONS en mandement, à noſtredict Bailly ou ſon Lieutenāt, que le ſuſdict cayer contenāt les articles accordez, & par nous preſentement omologuez, verifiez, confirmez, & auctoriſez, il face lire, publier hautement és Auditoires & ſieges ordinaires dudict Bailliage, & en tous lieux a faire telles publications, le tout enregiſtrer és Regiſtres dudict Bailliage, afin que nul n'en pretende cauſe d'ignorance. Car ainſi nous plait. EN TESMOING DEQVOY, nous auons à ceſdictes preſentes, ſignees de noſtre main, faict mettre noſtre grand ſeel. Que furēt faictes & donnees en noſtre ville de la Mothe, le vingtieme iour du mois de Nouēbre mil cinq cens quatre vingt. Ainſi ſigné CHARLES. Et ſur le reply eſt eſcrit, Par Monſeigneur le Duc, &c. Les Sieurs Baron de Hauſfonuille Mareſchal de Barrois, de ſainct Balmont Bailly de Voſges, Commandeur de Robecourt, de Neuflotte, Voüé de Condé, Bournon Maiſtres des Requeſtes ordinaires, Hannezon, & l'Eſcuyer, preſens, & contreſigné pour Secretaire M. Bouuet, & plus bas Regiſtrata, idem pro M. Henry, & ſeellé du grand ſeel de cire rouge, à double queuë de parchemin pendant.

Mi

PROCEZ

ENSVIVENT LES NOMS
de ceux qui se sont presentez ausdits
Estats à ladicte redaction
des Coustumes.

*ET PREMIER POVR L'ESTAT EC-
clesiastique des Seneschaulcees de la Mothe & Bourmont, en ce qui ressortit à la Cour Soueraine des grands
iours de Sainct-Mihiel.*

LE Reuerendissime Cardinal de Granuelle, pour sa Seigneurie de Vaudócourt, & autres terres & Seigneuries qu'il à esdictes Seneschaulcees & ressort, par Iean Donne-valle assisté de I. Thomas.

Reuerend Pere en Dieu Anne du Chastellet, Abbé commédataire de Flabelmont, pour ses Seigneuries de Bulgneuille, Crain-villiers, & autres qu'il tiēt esdictes Seneschaulcees & ressort, en personne.

Reuerend Pere en Dieu Gabriël de Sainct Belin, Abbé de Morimond, & les Religieux & Couuent dudict lieu, pour les terres & Seigneuries de Leuecourt, Frocourt, & autres qu'ils ont esdictes Seneschaulcees & ressort, par ledict Sieur Abbé.

Reuerend Pere en Dieu Iacques de Tauagny, Abbé

VERBAL. 41

de sainct Epure, les Religieux & Couuent dudict lieu, pour ce qu'ils tiennent à Sauuille, & autres lieux desdictes Seneschaulcees, & ressort par M. Aubertin, fondé de Procuration.

Noble & Religieuse personne Frere Iean d'Anglure, Cheualier de l'ordre sainct Iean de Ierusalem, Commandeur de Robecourt, pour ses Seigneuries dudict lieu, Bleuaincourt, & autres terres & droicts qu'il tient esdictes Seneschaulcees & ressort, en personne.

Noble & Religieuse personne Damp René Merlin, Abbé de l'Abbaye de S. Michel de Sainct-Mihiel, les Religieux & Couuet dudict lieu, pour ce qu'ils ont & tiennét à Iainuillotte, & autres lieux desdictes Seneschaulcees & ressort, par N. Oudin, fondé de Procuration.

Noble & Religieuse personne Frere Claude de Nogent, Prieur du Bourg Saincte Marie, pour ce qu'il tiét à Brainuille, & autres lieux desdictes Seneschaulcees & ressort, en personne.

Les Venerables Preuost Chanoines & Chapitre de l'Eglise Collegiatte nostre Dame de ladicte Mothe, pour ce qu'ils tiennent audit lieu, Bourmont, Parey, & autres desdictes Seneschaulcees & ressort, par M. Nicol Leuain, Chanoine en ladicte Eglise, assisté de Maistre Nicolas Güillaume, Procureur audit Bailliage.

Les Venerables Chappellains de Sainct Florentin, & Sainct Nicolas de Bourmont, pour ce qu'ils y tiennent, à Brouuennes, Brainuille, & autres lieux desdites

M ij

Senefchaulcees & reffort, par Meffires Iean Plumeret, Noel Vigneron, & Nicolas Nulmel Chappellains.

Les Venerables Miniftres & Religieux de la Trinité de la Marche, pour ce qu'ils tiennent à Villotte, & autres lieux defdictes Senefchaulcees & reffort, par Frere Pierre Maulgran, Miniftre, affifté de Maiftre Regnauld Goret Aduocat.

Meffire Bertaire Tixerand, Prieur de Marey, pour ce qu'il y tient, & autres lieux defdictes Senefchaulcees & reffort, par ledict Sieur de Flabelmont, affifté d'Oliuier de Hafterel, Procureur audit Bailliage.

Les Venerables, Doyen, Chanoines, & Chapitre de noftre Dame de Ligny, pour ce qu'ils tiennent és lieux de Graffigny, Malaincourt, & autres defdictes Senefchaulcees & reffort, par ledict Blancheuoye.

Meffire Touffainct Mongin Preftre Curé de Bulgneuille, Vaudoncourt, & fon Annexe, en perfonne.

Maiftre Robert Ranconnel, Preftre Curé d'Aingeuille, par Meffire Iean Vocquel fon Vicaire.

Frere Iean Drappier, Vicaire perpetuel de Robecourt en perfonne.

Meffire Simon Rollin, Preftre Curé de Sauuille, en perfonne.

Meffire Iean Pumyot, Preftre Curé de Iainuillotte, en perfonne.

Meffire Simon Hauluenant, Preftre Curé de Parez, en perfonne.

Meffire Nicolas Maiftry, Preftre Chappellain de la

VERBAL. 42

Chappelle dudict lieu, en personne.

Messire Iean Forestier, Curé de Marey, par ledict Aubertin, fondé de Procuration.

Messire Demenge Marot, Curé de Gigneuille, en personne.

Messire Denis Picard, Curé de Soulaucourt, en personne.

Messire Antoine Pelletier, Curé de Moruille, annexe de Hagneuille, en personne.

Messire Iean Guillemy, Vicaire perpetuel de Bourmont, & Gounaincourt son annexe, par Maistre Claude Guillemy.

Noble & Scientificque personne Maistre Guillaume Roze, Docteur en Theologie, Curé de Leuecourt, par Messire Henry de Bras son Vicaire, assisté de Maistre Nicol Mombelet, Aduocat audict Bailliage.

Ledict Messire Iean Plumeret, Curé de Nijon, & Vauldrecourt son annexe, en personne.

Frere Pierre Gennel, Vicaire perpetuel de Chaulmont la ville, par ledict Sieur Commandeur de Robecourt.

Messire Antoine Morel, Prestre Curé de Dambellain, & Germainuilliers son annexe, en personne.

Messire Nicolas Seneschal, Curé de Champigneulles, en personne.

Messire Didier Hominis, Curé de Graffigny, Chemin, & Malaincourt ses annexes, en personne.

Messire Iean Herbelet, Curé de Haccourt, en per-

M iij

fonne.

Meſſire François Hannus, Curé de Doncourt, en perſonne.

Meſſire Girard Menichard, Curé de Brainuille, par ledict Meſſire Iean Plumeret fondé de Procuration.

Maiſtre Nicol Rouſſel, Curé de Surianuille, en perſonne.

Meſſire Nicol Leuain, Curé de Brouuennes, en perſonne.

Meſſire   Curé de Columbey, par ledict Sieur Abbé de Morimond.

Ledict Procureur à remonſtré auoir faict donner aſſignation aux Venerables Chanoines & Chapitre de Lengres, pour les biens qu'ils tiennent audict Columbey, aux Curez des lieux du Charmois, Sainctoüain, La Vachereſſe, La Roüillie, & Crainuilliers, contre leſquels, non comparans, ny Procureurs pour eux, il à requis deffaut, & que pour le proffit d'iceluy il ſoit dict qu'il ſera paſſé outre à la redaction deſdictes Couſtumes dudict Bailliage, & execution des Patentes de ſon ALTESSE, en leur abſence, & ſans qu'il ſoit beſoing les readiourner, ce que luy auons octroyé, ſauf toutesfois, que ſ'ils comparent pendant la ſeance, ſeront receus, & non autrement.

*ET POVR L'ESTAT DE LA No-
blesse, en ce qu'est desdictes Seneschaulcees de la
Mothe & Bourmont, audict Ressort
de Sainct-Mihiel, ont comparu,
sçauoir.*

MEssire Iean Federic de Madruche Comte Daiue & de Challant, & Ioseph Comte de Torniel, Barons de Bossroimont, à cause de leur Seigneurie qu'ils ont audict Aingeuille, par Maistre Humbert du Molinet, Aduocat audict Bailliage, & Iean Thiery leurs Procureurs.

Messire Iean du Chastellet Cheualier de l'ordre du Roy de France, Gouuerneur de Lengres, Lieutenant de cent hommes d'armes, soub la charge de sadicte ALTESSE, tant en son nom à cause de sa Seigneurie de Champigneulles, & autres terres qu'il a esdictes Seneschaulcees & ressort, qu'aussi comme ayant la garde noble d'honoré Seigneur Claude du Chastellet son Nepueu, Seigneur de Deüilly, Bulgneuille, en partie, &c. pour sa Seigneurie dudict Bulgneuille, & autres terres & Seigneurie qu'il a esdictes Seneschaulcees & ressort, en personne.

Messire René d'Anglure, Cheualier, Conseiller de sadicte ALTESSE, soub-Lieutenant de sa compagnie, Capitaine de ladicte Mothe, Seigneur de Ligneuille, Melay, &c. en personne.

PROCEZ

Meſſire Chriſtophle de Choiſeul, Cheualier dudict ordre, Gouuerneur de Coiffy, Baron de Chamerende, Sieur de Verecourt en partie, pour les terres qu'il a és lieux de Bourmont, Gouuaincourt, Brainuille, & autres Fiefs qu'il tient eſdictes Seneſchaulcees & reſſort, en perſonne.

Meſſire Iacques de Luz, Cheualier dudict ordre, Seigneur de Neufuille en Verdunois, Bazoilles en partie, &c. pour ce qu'il tient audict Bazoilles, au deça de la Riuiere de Meuze, & autres lieux deſdictes Seneſchaulcees & reſſort, en perſonne.

Honoré Seigneur Iean du Pourcelet, Sieur de Maillane, Voitelle, Bezonuille, Châbelan de Monſeigneur, Enſeigne de cinquante hômes d'armes, ſoub la charge de Mõſeigneur le Marquis du Pót, au nom & cõme Curateur creé par Iuſtice à Philippe du Chaſtellet, Sieur dudict Bulgneuille en partie, &c. pour ſes Seigneuries dudict Bulgneuille, Marey, Gigneuille, & autres qu'il tient eſdictes Seneſchaulcees & reſſort, en perſonne.

Noble & Religieuſe perſonne Iacques Philippe de Ligneuille, Cheualier de l'ordre de ſainct Iean de Ieruſalem, Cõmandeur de Marbotte, Chambelan de Monſeigneur, cõme Tuteur des enfans dudict feu Meſſire Chriſtophle de Ligneuille, en ſon viuant Seigneur dudict lieu, Tumejus, &c. Cheualier dudict ordre, & Cõſeiller de noſtre Souuerain Seigneur, pour les Fiefs qu'ils ont és lieux de Soulaucourt, Malaincourt, & autres deſdictes Seneſchaulcees & reſſort, en perſonne.

Honoree

Honoree Dame, Dame Françoise de Lenoncourt, vefue de feu Philbert du Chaftellet, Dame de Bulgneuille en partie, &c. par Iacques de Ligneuille, Seigneur de Vannes, &c. fondé de Procuration, à caufe de fes Seigneuries dudict Bulgneuille, Mafey, Gigneuille, & autres qu'elle, comme tutrice de Meffieurs fes enfans, tient efdictes Senefchaulcees & reffort.

Honoré Seigneur Louys des Armoifes, Sieur d'Aultrey, Bazoilles en partie, &c. pour ce qu'il tient audict Bazoilles, au deça de la Riuiere de Meuze, & autres lieux defdictes Senefchaulcees & reffort, par le Sieur de Dompmartin, fondé de Procuration.

Honoree Dame, Dame Catherine de Sandrecourt, vefue dudict feu Sieur de Tumejus, pour les biens qu'elle a efdictes Senefchaulcees & reffort, par Claudin Lallouette fon Procureur, affifté de Maiftre François Genin Aduocat audict Bailliage, qui a protefté que la prefentation & coparition dudict Sieur Commandeur de Marbotte en ladicte qualité de Tuteur ne luy puiffe preiudicier, dautant qu'elle maintient que les enfans dudict feu Sieur de Tumejus & d'elle n'ont aucuns biens efdictes Senefchaulcees & reffort, ny mefmes au prefent Bailliage, foit par le decez de leurdict feu Pere, ou autrement, & qu'elle eft Tutrice legitime, Teftamentaire & naturelle defdicts mineurs fes enfans, & non ledict Sieur Commandeur, dont & defquelles proteftations, elle a demandé acte pour f'en feruir & valloir en temps & lieu, comme de raifon,

N

que luy a esté octroyé.

Honoré Seigneur Antoine du Chastellet, Seigneur de Pierrefitte pour son Fief de Sainctoüain, & autres qu'il a esdictes Seneschaulcees & ressort, en personne.

Honoré Seigneur Iean de la Vaux, Chambelan de son ALTESSE, Seigneur de Vereycourt en partie, &c. pour les terres qu'il tient és lieux de la Mothe, Bourmont, Brainuille, Vauldrecourt & autres desdictes Seneschaulcees & ressort, en personne.

Honoré Seigneur Christophle de Serocourt, Seigneur de Belmont, & Mandres en Barrois, pour son Fief dudict Mandres, par Charles de Serocourt son fils.

Honoree Dame Charlette de Clermont, Dame de Montigny sur Aulbe, & de Dambellain en la petite Seigneurie, pour son Fief dudict Dambellain, par Remy Pricquel.

Honorez Seigneurs Marc des Salines, & Christophle de Bertheleuile, és noms de Damoiselles Antoinette, & Magdelaine leur femmes, pour les terres & Seigneuries qu'ils tiennent au lieu de Chaulmont la ville, & autres lieux desdictes Seneschaulcees, & ressort.

Honoré Seigneur Antoine de Tauagny, Gouuerneur pour son ALTESSE au Comté de Bitche, & Damoiselle Catherine de Sainct Belin sa femme, relicte de feu Philippe de Serocourt, Seigneur de Romain sur Meuze, Illoud, &c. quand il viuoit, au nom &

comme ayant la garde noble des enfans dudict feu Sieur de Romain, & d'elle, pour ce qu'ils tiennent au lieu de Haccourt, & autres lieux desdictes Seneschaulcees & ressort.

Honoré Seigneur Charles de Gallot, Seigneur de Sainct Iean, Gentilhomme ordinaire de la maison de son ALTESSE, côme heritier de feu honoré Seigneur, Louys de Sainct Loup, à cause de Damoiselle de Sainct Loup sa femme, pour ce qu'il tient au lieu de Iainuillotte, & autres villages desdictes Seneschaulcees & ressort, en personne.

Baltazard de Suzemont, Sieur de la forte maison de Brainuille, pour le Fief qu'il tient audict Brainuille, à cause de ladicte forte maison, en personne.

Elophe de Ioisel, Escuyer, pour les terres qu'il tient au village de Soulaucourt, & autres lieux desdictes Seneschaulcees & ressort, en personne.

Henry Dauley, Escuyer, Gruyer de Bar, en personne.

Louys de la Dixmerie, Sieur de la Loge, pour son Fief du Charmoy les Bains, en personne.

Maistre Antoine Bouuot, Escuyer, Conseiller du Roy de France, President en l'eslection de Lengres, pour ce qu'il tiét de Fiefs, & terres és lieux de Sauuille, Haccourt, & autres desdictes Seneschaulcees & ressort, à cause de Damoiselle Marguerite Leuain sa femme, côme ayant la charge & administration des corps & biens d'Abraham, & Iean de Bar, enfans de feu DO-

PROCEZ

minicque de Bar, en son viuant, Escuyer, Seneschal de la Mothe, & Bourmont, en personne.

Guillaume, & Claude les Deuailles, Escuyers, Sieurs de Sainctoüain en partie, pource qu'ils tiennēt audict Sainctoüain, & autres lieux esdictes Seneschaulcees & ressort, en personnes.

Robert de Chastenois Sieur de Mandres en partie, pour les Fiefs qu'il tient audict Mādres, & autres lieux desdictes Seneschaulcees & ressort, par ledict Guillaume, fondé de Procuration.

Noble hōme Nicolas Heraudel, Sieur dudict Mandres en partie, pour les Fiefs & terres qu'il à audict Mandres, & autres lieux desdictes Seneschaulcees & ressort, en personne.

Noble homme, & sage Maistre Claude Sarazin, Licentie és droicts, Procureur general au Bailliage d'Aspremont, & Aduocat en la Cour de Parlemēt à sainct-Mihiel, pour ce qu'il tient esdictes Seneschaulcees & ressort, par noble homme Iean de Hondreuille.

Hector de l'Espine, Sieur de Martigny en partie, pour ce qu'il tient esdictes Seneschaulcees & ressort, en personne.

Robert, & Christophle d'Orgain, Escuyers, pource qu'ils tiennent esdictes Seneschaulcees & ressort, en personnes.

Ledict Iean de Hondreuille, Recepueur au Neuf-Chastel, pour ce qu'il tient esdictes Seneschaulcees & ressort, en personne.

VERBAL. 46

Noble homme François Simonin, Sieur de Germainuilliers en partie, pour ce qu'il tient audict Germainuilliers, en personne.

Noble homme Vrbain Domptaille, pour ce qu'il tient esdictes Seneschaulcees & ressort, en personne.

Claude, & Pierre les Voiriotz, dict de Bouzey, pour ce qu'ils tiennent au village de Dambellain, en personnes.

Surquoy nous a esté remonstré par les Sieurs de Ligneuille, & de la Vaux presens, & les Sieurs de Romain par ledict Aubertin, & Iacques de Bouzey par ledict Collin, que lesdicts Pierre, & Claude les Voiriotz s'estoient qualifiez du nom de Bouzey, à quoy lesdicts Sieurs remonstrans s'opposoient, declarans telle qualité n'appartenir ausdicts Voiriotz, & ausquels il n'est loisible porter ny le nom, ny les armes de la maison de Bouzey, requerans à ce moyen ladicte qualité estre rayee, lesquels Voiriotz dict de Bouzey, ont dict estre yssus de la maison de ceux de Bouzey, du costé de leur mere, & auoir permission de son ALTESSE d'en porter le nom & les armes, & pourquoy empeschoient ladicte radiation. Surquoy auõs le tout renuoyé à sadicte ALTESSE, pour y ordõner ce qu'il luy plaira.

Ledict Procureur à dict auoir faict assigner par deuant nous les Sieurs de Renepont, & Des-Frenel, pour les terres & Seigneuries qu'ils possedét esdictes Seneschaulcees & ressort. Mesme és lieux de Brouuennes,

PROCEZ

Graffigny & autres, contre lefquels non comparans, il a requis deffaut pure & fimple, & pour le proffit qu'il foit dict qu'il fera paffé outre à la redaction defdictes Couftumes, fans qu'il foit befoing de les rappeller de nouueau, fauf f'ils fe prefentent pendant la feance des prefens Eftats, pendant laquelle ils y feront receus & ouys: ce qu'à efté octroyé.

ET POVR LE TIERS ESTAT
defdictes Senefchaulcees & reffort, fe font prefentez.

NOBLE & prudent homme, Maiftre Iean de Lifle, Licentié és Loix, Lieutenāt general audict Bailliage, en perfonne.

Sage & prudent hōme, Claude de Villiers, Efcuyer, Licentié és Loix, Confeiller de Monfeigneur, Auditeur en la Chābre des comptes de Barrois, & fon Procureur general audict Bailliage, en perfonne.

Maiftre Nicol Mombelet, Licentié és Loix, Lieutenant particulier audict Bailliage, en perfonne.

Maiftre Antoine Robert, Licentié és Loix, Senefchal, Gruyer, & Recepueur és Senefchaulcees de la Mothe, & Bourmont, en perfonne.

Maiftre François Genin, Licentié és Droicts, Aduocat audict Bailliage, & Subftitut dudict Procureur en la Senefchaulcee de Bourmont, en perfonne.

VERBAL. 47

Maistre Mammes Collin, Licentié és Droicts, Aduocat audict Bailliage, en personne.

Maistre Nicolas Guillaume, Substitut dudict Procureur, au lieu de la Mothe, en personne.

Honoré Remy, Commis au Greffe dudict Bailliage, en personne.

Maistre Claude Guillemy, Commis au Greffe de la Seneschaulcee, en personne.

Iean Rouyer laisné, Garde des Seaulx desdictes Seneschaulcees, en personne.

Honneste homme Iean Thabouret, Lieutenant de Capitaine, à Bourmont, en personne.

Maistre Valentin Morel, Procureur esdictes Seneschaulcees, en personne.

Roland Brochard, Praticien, & Sergët audict Bailliage, en personne.

Claude Millot.
Didier Rollin.
Iean Rouyer le Ieune.
Humbert Regnault.
Nicolas la Barre.
Iean Millot.
Claude Mahuet.
François Truillier.
François Cuisenier.
George Oliuier.
} Aussi tous Sergens audict Bailliage, en personnes.

Les Bourgeois, Manans, & Habitans de ladicte ville de la Mothe, par Iean Dauluin Mayeur, & ledict

PROCEZ

Maiſtre Mammes Collin, fondé de Procuration ſpeciale.

Les Bourgeois, manans, & habitans de la ville de Bourmont, par Iean Laſnier L'aiſné, & Iean Laſnier le Ieune, fondez de procuration.

Les habitans de Bulgneuille, par Claude Fromont, Antoine Iacquenel, & François Clerc, fondez de procuration.

Les habitans d'Aingeuille, par Pierre Huguet Mayeur, & Remy Malloy, fondez de procuration.

Les habitās de Robecourt, par Iean Breſſō Mayeur, & Nicolas Antoine, Eſcheuin, fondez de procuration.

Les habitans de Sauuille, par Mongeot Seneſchal, & Briſſot Viard, fondez de procuration.

Les habitans de Vauldrecourt, par Noel Huſſon, & Nicolas Regnault, fondez de procuration.

Les habitans de Iainuillotte, par Iean Taſſart, fondé de procuration.

Les habitans de Vaudoncourt, par Didier Poireſſon Mayeur, Claude Thomas, & Claude Hauluenant, fondez de procuration, aſſiſtez dudict Collin.

Les habitans de Parey, par Pierre Maiſtry, & Nicolas Iacquet, fondez de procuration.

Les habitans de Marey, par Iean Didelot, & Breſſon George, fondez de procuration, aſſiſté dudict Aubertin.

Les habitans de Gigneuille, par Gerard Mareſchal, aſſiſté

assisté de Maistre Iean Vernisson, Preuost de Chastillon, fondé de procuration.

Les habitans de Mandres sur Voire, en ce qui est du Barrois, par Mongin Masson, Florentin, & Estienne Noel, fondez de procuration.

Les habitans d'Oultremescourt, par Pierre Bailly, Mayeur, fondé de procuration, assisté dudict Collin.

Les habitans de Soulaucourt, par Pierre Gruyer, Mayeur, & Mammes Didier, fondez de procuration.

Les habitans de Moruille, par Demenge, & Denis les Thiebault, fondez de procuration, assistez dudict Collin.

Les habitans de Hareyuille, en ce qui est au deça de la Riuiere de Meuze, par ledict Maistre Nicolas Guillaume.

Les habitans du Charmois les bains, par ledict Collin, fondé de procuration.

Les habitans de Bleuaincourt, en ce qui est de la Seigneurie de Robecourt, par Nicolas Iacquot, & Iean Iacquin.

Les habitans de Graffigny, & Chemin, par Claude Collin, & Nicolas Breton, fondez de procuration, assistez dudict V. Morel.

Les habitans de Chaumont la ville, par Antoine Genin, & Iean Parisot, fondez de procuration, assistez dudict Maistre François Genin.

Les habitans de Dambellain, par François Godard, Nicolas Guichard, Nicolas Collin, & Remy Pricquel,

O

fondez de procuration, assistez dudict Morel.

Les habitans de Sainctoüain, par Iean Bezançon, Eloy Macquaire, & Maurice Sarey, fondez de procuration.

Les habitans de Crainuilliers, par Nicolas Clerc, Antoine Petit Iean, & Iean Girardin, fondez de procuration.

Les habitans de Villotte, par Guillaume Thieriot, fondé de procuration.

Les habitans de Champigneulle, par François Camus, & Denis Husson, fondé de procuration.

Les habitans de Germainuilliers, par Iean Chauderon, François Thiellier, Iean Breton, & Iean Picard, fondez de procuration.

Les habitans de la Grange de Vaudainuilliers, par Simon Michel, fondé de procuration, assisté dudict Mombelet.

Les Gaigneurs des Gouttes hault & bas, par Iean Droüot, Mayeur audict lieu, assisté dudict Mombelet.

Les habitans de la Grange de Frocourt, par Iean Cherey, Mayeur audict lieu, asisté de N. Mombelet.

Les habitans de Nijon, par Iacquot Roche, & Iean Husson, fondez de procuration.

Les habitans de Haccourt, par Iean Espaulart, Mayeur, & Iulien Didier, asistez de V. Morel.

Les habitans de Leuecourt, par Pierre Greuain, & Iean Mesnageot, fondé de procuration.

Les habitans de Doncourt, par Gand Droüot, & Mongeot Gaultier, fondez de procuration.

Les habitans de Malaincourt, par Nicolas Chauchard, & Iean Maſſelin, fondez de procuration, aſsiſté dudict Morel.

Les manans & habitans de Brainuille, par Nicolas la Barre, Claude Mahuet, & Pierre le Signe, fondez de procuration.

Les habitans de Surianuille, par Iean Marchaudot, Vincent Gros-Iean, & Demenge Guichard, fondez de procuration.

Les habitans de Brouuennes, par Baſtien Bernard, Nicolas de Villotte, & Nicolas Bricard, fondez de procuration.

Les manans & habitans de la Vachereſſe, & Rouillie, par Nicolas Ferry, & François de Villotte, fondez de procuration.

Les manans & habitans de Columbey, par Iean Pricquel, & Claude Hazard, fondez de procuration.

Les habitans de Gouuaincourt, par Pierre Garoſſe, & Pierre Gillot, fondez de procuration.

PROCEZ

ET CEVX QVI ONT COMPARVZ,
qui sont dudict Bailliage au ressort du Parlement de Paris, Sçauoir, des Preuostez de la Marche, Gondrecourt, Chastillon, Conflans en Bassigny, & des Seneschaulcees de la Mothe, & Bourmont, Siege de Sainct Thiebault.

Premier pour l'Estat Ecclesiasticque.

LE Reuerendissime Cardinal de Granuelle, pour les terres & Seigneuries, qu'il a és lieux de Senaide, Conflans, & autres desdicts Sieges, & Preuostez, par ledict Donneual, asisté dudict Thomas.

Reuerend Pere en Dieu, Anne du Chastellet, Abbé commendataire de Flabelmont, Religieux & Conuét dudict Flabelmont, par ledict Sieur Abbé, pour les terres, & biens qu'ils ont és susdictes Preuostez.

Reuerend Pere en Dieu, Messire Philippe de Choiseul, Conseiller, & Aulmosnier du Roy, Abbé de Mureau, comparant en personne, tant en son nom que pour les Religieux, Prieur & Conuent dudict Mureau, pour les terres & biens qu'ils ont esdictes Seneschaulcees, siege dudict Sainct Thiebault.

VERBAL. 50

Reuerend Pere en Dieu, Gabriël de Sainct Belin, Abbé de Morimond, pour les terres & Seigneurie, & biens qu'il à esdicts Sieges, & Preuoftez, en personne.

Reuerend Pere en Dieu, Iacques de Tauagny, Abbé de sainct Epure, & les Religieux & Conuent dudict lieu, pour ce qu'ils tiennent esdictes Preuoftez, par M. Aubertin.

Damp René Merlin, Abbé de l'Abbaye de S. Michel de sainct Mihiel, & les Religieux & Conuent dudict lieu, pour ce qu'ils tiennēt au lieu de sainct Thiebault, & Hareyuille Siege dudict sainct Thiebault, par N. Oudin.

Reuerend Pere en Dieu, Frere Thiebault Poncet, Abbé de Clerefontaine, & les Religieux & Conuent dudict lieu, pour ce qu'ils tiennent audict Conflans, & autres lieux desdicts Siege & Preuoftez, par ledict Sieur Gabriël de Sainct Belin, Abbé de Morimond.

Noble & Religieuse personne, Frere Claude de Nogent, Prieur du Bourg Saincte Marie, pour ce qu'il tiēt à Romain sur Meuze, en personne.

Les Venerables Preuoft, Chanoines, & Chapitre de l'Eglise Collegiate nostre Dame de ladicte Mothe, par Maistre Nicol Leuain, Chanoine en ladicte Eglise, assisté de Maistre Nicolas Guillaume, Procureur audict Bailliage, pour ce qu'ils tiennent és lieux de Liffol le grand, Goncourt, & autres desdits Siege & Preuoftez.

Les Venerables Chappellains, des Chappelles de Sainct Florētin, & Sainct Nicolas de Bourmont, pour

O iij

ce qu'ils tiennent audict fainct Thiebault, & autres lieux dudict Siege, par Meffires Iean Plumerel, Noel Vigneron, & Nicolas Bullemel Chappellains.

Les Venerables de la Trinité de la Marche, par Frere Pierre Moulgras, Miniftre, affifté de Maiftre Regnault Gorret, Aduocat, pour ce qu'ils tiennét à ladicte Marche, & Preuofté d'illec.

Meffire Berthaire Tixerand, pour ce qu'il tient au lieu de Bleureuille, & autres lieux defdictes Preuoftez, par ledict Sieur de Flabelmont, affifté de Maiftre Oliuier de Hafterel, Procureur audict Bailliage.

Meffire Nicolas Mengin, Prieur de Fouchecourt, pour fon Prieuré dudict lieu, par Maiftre Iean Palas.

Le Prieur de Gondrecourt, par Maiftre Paris Huart, foub-Prieur.

Difcrette perfonne René de Ioifel, Chappellain de fainct Blaife de Gondrecourt, par Elophe de Ioifel Efcuyer fon frere.

Noble & fcientificque perfonne Maiftre Guillaume Rofe, Docteur en Saincte Theologie, Curé de Heuillecourt, annexe de Leuecourt, par Meffire Henry de Bras, Vicaire, affifté de Maiftre Nicol Mombelet, Aduocat audict Bailliage.

Meffire Antoine Vofgien, Curé dudict S. Thiebault, en perfonne.

Ledict Maiftre Nicol Leuain, Curé de Goncourt, en perfonne.

Meffire Guillaume Gaulchier, Curé de Verócourt,

VERBAL.

en perfonne.

Meſſire Florentin Mourot, Curé d'Ouzieres, par Maiſtre Valentin Morel, Procureur audict Bailliage, fondé de procuration.

Meſſire Iean Humbelot, Curé de Bazoilles, en perfonne, aſſiſté de Maiſtre Mammes Collin, Aduocat audict Bailliage.

Meſſire Elophe Morel, Curé de Liffol le grand, en perfonne.

Frere Claude Ferry, Vicaire de Villorcel, par ledict Sieur de Mureau.

Meſſire François Bandelaire, Curé de Hareyuille, par ledict Guillaume Procureur.

Meſſire Simon Iorien, Curé de Romain ſur Meuze, en perfonne, aſſiſté dudict Collin.

Meſſire Iean Bullemel, Curé d'Illoud, en perfonne.

Frere Iean Drappier, Curé de Bleuaincourt, en perfonne.

Meſſire Nicol Iolibois, Curé de Rozieres lez les Bleuaincourt, en perfonne.

Meſſire Noel Louys, Curé de Tollaincourt, en perfonne.

Meſſire Nicolas Guerre, Curé de Martigny, en perfonne.

Meſſire Demenge Melay, Curé audict Martigny, au petit ban dict de Dompierre, en perfonne.

Meſſire Blaiſe Maillot, Curé d'Ainuelle, en perfonne, assisté de Maistre Iean Vermisson, Aduocat audict Bailliage.

Frere Pierre Huet, Vicaire en la Cure de Serocourt, en personne.

Frere Iacques Iacquet, Vicaire en la Cure de S. Iulian, par ledict Sieur de Flabelmont.

Messire Didier François, Curé de Prouenchieres, en personne.

Messire Simon Monginot, Curé de Bleureuille, en personne.

Messire Simon Soutreul, Curé de Lironcourt, en personne.

Messire Mansuy Thomas, Curé d'Iche, par ledict de Hasterel, fondé de procuration.

Messire Mammes Quāquery, Curé de Sereycourt, par ledict Sieur de Flabelmont.

Frere Claude Iobelin, Vicaire perpetuel de la Cure de Verecourt, par Messire Claude Marchal, son Vicaire.

Noble & Religieuse personne Maistre Iean de Palas, Curé de Senaide, en personne.

Messire Epure Deschault, Curé de Malleroy, par François Billard, asisté de Maistre Humbert du Moulinet, Aduocat audict Bailliage, fondé de procuration.

Messire Geoffroy Nicolas, Curé de Romain aux bois, en personne.

Venerable & discrette personne, Maistre Pierre de Sandrecourt, Curé de Grignoncourt, en personne.

Messire

VERBAL.

Messire Hugues Richardot, Curé de Blondefontaine, par ledict Vermisson, fondé de procuration.

Messire Antoine de Poisson, Curé de Melay, en personne.

Ledict Messire Paris Huart, Doyen de la Chrestienté de Gondrecourt, & Curé dudict lieu, en personne.

Messire Elophre Parisot, Curé de Goussaincourt, par ledict Huart, fondé de procuration.

Messire Didier Brutier, Curé de Giranuilliers, & Badonuilliers son annexe, par ledict Huart, fondé de procuration.

Messire Elophre Charpentier, Curé d'Espiey, par ledict Huart, fondé de procuration.

Messire Iean Grand-Iean, Curé de Domp Remy, par Nicolas Noblesse, fondé de procuration.

Messire François Poirel, Curé d'Eu-Russe, par ledict Huart, fondé de procuration.

Messire Guillaume Mongeot, Curé de Rozieres, Preuosté de Gondrecourt, par ledict Huart, fondé de procuration.

Messire Iean Bayard, Curé de Maxey sur Voize, par ledict Huart, fondé de procuration.

Messire Demenge Hareuille, Curé d'Abieuille, par ledict Huart, fondé de procuration.

Messire Didier Broutier, Vicaire perpetuel de la Cure de Houdelaincourt, & Baudignecourt son annexe, par ledict Huart, fondé de procuration.

Damp François Olry, Curé de Demége aux eaues,

P

par ledict Huart, fondé de procuration.

Messire Iean du Bois, Curé de Mauuage, par ledict Huart, fondé de procuration.

Messire Estienne des Champs, Curé de Nayue en Blois, par ledict Huart, fondé de procuration,

Messire Estienne Henry, Curé de Vothon hault, & Vothon bas, par ledict Huart, fondé de procuration.

Messire Didier Matelot, Curé de Dehoruille, par ledict Huart, fondé de procuration.

Messire Claude la Hiere, Curé de Dainuille, par ledict Huart, fondé de procuration.

Messire Martin Martin, Curé de Clerey, par Messire Gerard de May son Vicaire audict lieu.

Aussi ledict Procureur a remöstré auoir faict donner asignation aux Prieurs de Sainct Belin, Bleureuille, Deüilly : Aux Curez de Clinchamps, Frain, Thons, Fouchecourt, Tignecourt, Morisecourt, Saulxures, Becharmois, Corres, Grignoncourt, Bousseraucourt, Vosgecourt, Cöflans, Dampierre, Girefontaine, Haulteuelle, Sainct Loup, Alleuilliers, Iasney, Planiemont, Bolligny, Corbenay, Laueure, Burey en vaulx, Amanty, Pargney sur Meuze, Brouxey en Blois, & Lezeuille, contre lesquels non comparans, ny Procureurs pour eux, il à requis deffault, & que pour le proffit d'iceluy, il soit dict qu'il sera passé outre, à la redactiö des Coustumes dudict Bailliage, & execution des Patentes de son ALTESSE, en leur absence, sans qu'il soit besoing de les rappeller. Ce que luy auons octroyé, sauf tou-

VERBAL.

tesfois s'ils comparent pendant la seance, ils seront receuz, & non autrement.

En procedant ausquelles comparitions, & à l'appel des dessusnommez, à ledict Sieur de Morimond protesté que les presentations desdits Sieurs Abbé de Flabelmont & Mureau premieres que la sienne, & leur seance ne luy puissent preiudicier, maintenant qu'il doit preceder, dautāt que ladicte Abbaye de Flabelmōt est fille dudict *Morimond*, & que lesdicts Sieurs de Flabelmōt, & Mureau sont Abbez cōmendataires, & non portans l'habit de l'ordre, cōme ledict de Morimond, & par ledict Sieur de Flabelmont a esté faict protestation cōtraire, soustenant que ses presentations & seance à l'assemblee desdicts Estats doiuent estre premieres que celles dudict Sieur de Morimōd, tant pour la qualité de sa maison, & le lieu quelle tient és pays de Lorraine, que pour estre ladicte Abbaye de Flabelmont seulle assize en ce Bailliage du *Bassigny*. Surquoy leur auons respectiuement octroyé act de leur protestations, & dict que sans preiudice des prerogatiues par eux pretenduës, les presentations demeureront selon qu'elles ont esté enregistrees.

Et pour l'Estat de la Noblesse.

HAVLT & puissant Prince, Charles Philippe de Croüy, Marquis de Haurey, *Baron* de Fontenoy, Fenestrange, & *Bayon*, pour les Fiefs qu'il tient esdictes Preuostez: par le Sieur de Myon son

P ij

PROCEZ

Maiſtre d'hoſtel, aſsiſté dudict Thomas Aduocat.

Hault & puiſſant Seigneur, Iean Comte de Salm, Baron de Viuier, Feneſtrange, Brandembourg, Seigneur de Ruppes, Domp Remy la Pucelle, Pargney ſur Meuze, Daimuille, Bertheleuille, & Greu, Mareſchal de Lorraine, & Gouuerneur de Nancy; pour les Fiefs qu'il tient eſdictes Preuoſtez; par Noble Iean Barnet, Conſeiller & Secretaire de Monſeigneur, auditeur des Comptes de Lorraine, Procureur, ſpecialement fondé dudict Siegneur Comte.

Haults & puiſſans Seigneurs Iean Federich de Madruche, Comte d'Auye, & de Challāt, Ioſeph de Torniel, Comte dudict Challant, Barrons de Boffroymōt, pour les terres & Seigneuries de Bleuaincourt, Rozieres, & autres qu'ils tiennent eſdictes Preuoſtez, par ledict du Molinet, & Iean Thiery leurs Procureurs.

Hault & puiſſant Seigneur, Meſſire Iean du Chaſtellet, Cheualier de l'ordre du Roy, Gouuerneur de Lengres, Lieutenant de cent hômes d'armes, ſoub la charge de ſadicte ALTESSE, tant en ſon nom, à cauſe des Seigneuries des Thons, & autres Fiefs qu'il tient eſdictes Preuoſtez, que côme ayant la garde Noble, d'honoré Seigneur Claude du Chaſtellet ſon Nepueu, Seigneur de Deüilly, Sereycourt, Tygnecourt, & autres Fiefs qu'il poſſede eſdictes Preuoſtez, en perſonne.

Meſſire René d'Anglure, Cheualier, Conſeiller de ſadicte ALTESSE, ſoub-Lieutenant de ſa compagnie, Capitaine de ladicte Mothe, Seigneur de Ligneuille,

VERBAL. 54

Melay,&c. pour fa Seigneurie dudiſt Melay, & autres Fiefs qu'il tient efdiſts Sieges & Preuoſtez, en perſonne.

Meſſire Antoine de Choiſeul Cheualier, Seigneur Baron de Clefmont, pour le Fief qu'il à au lieu de Heuillecourt, & autres qu'il tient eſdits Sieges & Preuoſtez, par ledict Mombelet, fondé de procuration.

Meſſire Chriſtophle de Choiſeul, Cheualier dudict ordre, Gouuerneur de Coeffy, Baron de Chamerede, Sieur de Verecourt en partie, pour les Fiefs qu'il tient efdicts Sieges & Preuoſtez, en perſonne.

Meſſire Elophre de Beauuau, Cheualier, Baron de Rortey, & Merigny, pour les terres & Seigneuries qu'il tient efdicts Sieges & Preuoſtez, par Maiſtre Iean Gourdot, Procureur audict Bailliage.

Meſſire François de Mailly, Cheualier dudict ordre, Baron d'Eſcot, Seigneur de Clinchamps, pour ce qu'il tient efdicts Sieges & Preuoſtez, en perſonne.

Meſſire Iacques de Luz, Cheualier dudict ordre, Seigneur de Neufuille en Verdunois, Bazoilles, &c. pour ce qu'il tient efdicts Sieges & Preuoſtez, en perſonne.

Meſſire Chriſtophle le Loup, Cheualier dudict ordre, Menetoul, Seigneur deſdicts Sereycourt, Tignecourt, pour les terres & Seigneuries qu'il tient eſdictes Preuoſtez, par ledict de Haſterel.

Meſsire Iacques de Sainct Blaiſe, Cheualier, Baron de Treſſy, Seigneur de Chágy, & de Domp Remy en

P iij

PROCEZ

partie, pource qu'il tient efdictes Preuoftez, par Nicolas Nobleffe, fon Procureur.

Mefsire François d'Anglure, Seigneur & Baron de Sainct Loup, Coublanc, &c. pour ce qu'il tient efdicts Sieges & Preuoftez, par Simon Thomafsin, fondé de procuration.

Mefsire Iean de Pourcelet, Seigneur de Maillane, Voitel, Buzonuille, &c. Chambelan de Mófeigneur, Enfeigne de cinquante hommes d'armes, foub la charge de Mófeigneur le Marquis du Pont, au nom & cóme Curateur creé par Iuftice de Philippe du Chaftellet, Seigneur de Bulgneuille en partie, pour ce qu'il tient efdicts Sieges & Preuoftez, en perfonne.

Noble & Religieufe perfonne, Iacques Philippe de Ligneuille, Cheualier de l'ordre de Sainct Iean de Ierufalem, Commandeur de Marbotte, Chambelan de Monfeigneur: comme Tuteur des enfans de feu Mefsire Chriftophle de Ligneuille, en fon viuant Seigneur dudict lieu, Tumejus, &c. Cheualier de l'ordre du Roy, Confeiller de noftredict Souuerain Seigneur, pour les Fiefs qu'il tient efdicts Sieges & Preuoftez, en perfonne.

Honoree Dame, Dame Catherine de Sandrecourt, vefue dudict feu Sieur de Tumejus, pour les biens qu'elle a efdicts Sieges & Preuoftez, par Claudin l'Alloüette, fon Procureur, afsifté de Maiftre François Genin, Aduocat audict Bailliage, qui a protefté que la prefentation & cóparition dudict Sieur de Marbotte,

VERBAL.

en ladicte qualité de Tuteur ne luy puisse preiudicier, dautant qu'elle maintient que les enfans dudict Sieur de Tumejus & d'elle, n'ont aucuns biens esdicts Sieges & Preuostez, soit par le decez de leur feu Pere, ou autrement, & qu'elle est Tutrice legitime, Testamentaire & naturelle desdicts mineurs ses enfans, & non ledict Sieur Commandeur, dont & desquelles protestations elle a demandé act pour s'en seruir & valloir en temps & lieu, comme de raison, que luy a esté octroyé à mesme fin qu'au procez verbal de la presentation, soub le ressort de Sainct-Miehiel.

Honoré Seigneur, Louys des Armoises, Sieur d'Aultrey, Bazoilles en partie, &c. pour les terres qu'il tient esdicts Sieges & Preuostez, par le Sieur de Dompmartin, fondé de procuration.

Messire Iean d'Esguilly, Cheualier de l'ordre du Roy, Seigneur dudict lieu, pour son Fief de Saulxures, Preuosté de la Marche, par Iean Dauldenet, marchant demeurant à Lengres, fondé de procuration.

Honoré Seigneur Iean de la Vaulx, Chambelan de son ALTESSE, Seigneur de Verecourt en partie, &c. pour son Fief dudict lieu, & autres qu'il a esdicts Sieges & Preuostez, en personne.

Honoré Seigneur Antoine de Choiseul, Seigneur d'Iche en partie, pour son Fief dudict lieu, en personne.

Honoré Seigneur Gabriël de Chaumirey, Seigneur dudict Iche en partie, pour son fief dudict lieu, aussi en personne.

PROCEZ

Honoré Seigneur, Antoine de Tauagny, Gouuerneur au Comté de Bitche, & Damoiselle Catherine de Sainct Belin sa femme, relicte de feu Phillippe de Serocourt quand viuoit, Seigneur de Romain sur Meuze, Illoud, &c. au nom & côme ayant la garde noble des enfans dudict feu Sieur de Romain & d'elle, par ledict Aubertin, fondé de procuration, pour lesdictes Seigneuries de Romain, Illoud, & autres qu'ils tiennent esdicts Sieges & Preuostez.

Honoré Seigneur Marc des Salines, & Christophle de Bertheleuille, tant en leurs noms que de Damoiselle Antoinette, & Magdelaine leurs femmes, pour les terres & Fiefs qu'ils tiennent esdicts Sieges & Preuostez, par ledict Christophle, & Maistre Pierre de Sandrecourt, fondez de procuration, pour ledict Sieur de Sallines.

Honoré Seigneur Baltazard de Suzemont, Sieur de la maison forte, de Brainuille, pour ce qu'il tient audict Siege de Sainct Thiebault, en personne.

Honoré Seigneur Pierre de Bertheleuille, Seigneur de Senaide en partie, Gentilhomme de la maison du Roy de France, pour son Fief dudict Senaide, en personne.

Honoré Seigneur, Iacques de Merlet, Seigneur de d'Ampremont, Maxey sur Voise, pour les Fiefs qu'il tient esdicts Sieges & Preuostez, par le Sieur d'Amanty.

Honoré Seigneur Claude des Verrieres, Sieur d'A-
manty,

VERBAL.

manty, pour les terres qu'il tient esdicts Siege & Preuosté, en personne.

Honoré Seigneur, Iean de *M*ont, Seigneur de Demenge aux Eaues en partie, pour sa Seigneurie dudict lieu, & autres qu'il tient esdicts Siege & Preuosté, par François de Bilistin, Sieur de Iuluecourt.

Honoré Seigneur, Iean de Baugy, Seigneur dudict Demenge en partie, pour sa Seigneurie dudict lieu, & autres terres qu'il a esdits Siege & Preuosté, par Bastien Husson, fondé de procuration.

François de Bilistin, Sieur de Iuluecourt, pour son Fief d'Abieuille, en personne.

Les Sieurs de Malabarbe, & de Haudresson, pour ce qu'ils tiennēt esdictes Preuostez, par ledict Sieur d'Amanty.

Honoré Seigneur Gaspard du Pont, Sieur dudict lieu, Malleroy, &c. pour les Fiefs qu'il tient esdicts Siege & Preuosté, par François Billard, fondé de procuration, assisté dudict du Molinet.

Honoré Seigneur, Guillaume d'Aulney, Sieur de Belcharmoy, pour les terres qu'il tient esdicts Siege & Preuosté, par Iacques Remy.

*M*aistre Iean Quilly, Escuyer, Conseiller de son ALTESSE, par Maistre Charles Quilly, aussi Escuyer son fils.

Claude de Ioisel l'aisné, Seigneur de Montauaulx, par ledict Maistre Charles Quilly, fondé de procuration.

Q

PROCEZ
Claude de Ioisel le Ieune, Escuyer, par ledict Charles Quilly.

Henry d'Aulcy, Escuyer, Gruyer de Bar, en persōne.

Henry de Ragecourt, Escuyer, Sieur dudict lieu, par ledict Aubertin, fondé de procuration.

Guillaume du Haultoy, Sieur de Blondefontaine, par ledict Blancheuoye.

Alexandre de Vauldrey, Seigneur dudict lieu, en personne, asisté dudict Vermisson.

Thomas de Cachedenier, Sieur dudict Blondefontaine en partie, par ledict Vermisson, fondé de procuration.

Simon de Myon Sieur de Saulx, pour les Fiefs qu'il tient esdicts Siege & Preuosté, en personne.

Pierre Berget l'aisné, Escuyer, pour ce qu'il tient esdicts Siege & Preuostez, en personne.

Pierre Berget le ieune, ausi Escuyer son fils, Sieur de Rocourt en partie, pour son Fief dudict Rocourt.

Iean de Marcheuille, Sieur de Seraumont, Escuyer, pour ce qu'il tient esdicts Siege & Preuostez, en personne.

Iean le Tondeur, Sieur de Dainuille en partie, pour ce qu'il tient esdicts Siege & Preuostez, par ledict Quilly, fondé de procuration,

Maistre Antoine Bouuot, Escuyer, Conseiller du Roy, President en l'eslection de Lengres, pource qu'il tient audict Siege de Sainct Thiebault, tant à cause de Damoiselle Marguerite Leuain sa femme, que comme ayant la charge & administration des corps & biens d'Abraham & Iean de Bar, enfans de feu Dominicque de Bar, Escuyer, en son viuant Seneschal de la Mothe, & Bourmont, en personne.

Maistre Gilles Rose, Conseiller du Roy, au Siege Presidial de Chaulmont, par Iean Nicolas, fondé de procuration.

Noble homme Nicolas Heraudel, Sieur de Mandres en partie, pour ce qu'il tient de Fief au lieu d'Ouzieres, en personne.

Noble homme François Simonin, pour ce qu'il tiét de Fief, en la Preuosté de Gondrecourt, en personne.

Alexandre Quilly, Sieur de Romenas, par ledict Charles Quilly.

Martin des Iobarts, Sieur Deshalles, de Gondrecourt en partie, pour ce qu'il tient en la Preuosté dudict lieu, par ledict Quilly fondé de procuration.

Philippe Hurault, Mongin Hurault, Escuyers, & Claude Hurault, Sieurs de Maisoncelle, en partie, par ledict Iean Nicolas, fondé de procuration.

Noble homme Michel Coheruault demeurant à Abieuille, en personne.

Humbert, Claude, Bertrand, Nicolas, Matthieu, & Claude du Houlx Escuyers, par ledict Humbert assisté dudict Aubertin.

Damoiselle Anne le Bœuf, pour ce qu'elle tient esdictes Preuostez, par ledict Collin, fondé de procuration.

Q ij

PROCEZ

Les heritiers Meſſire Luc Chaillot, en ſon viuant Conſeiller en la Cour de Parlement de Dolles, pour les terres, & Fiefs qu'ils tiennent eſdictes Preuoſtez, par Antoine Gerard Procureur de François Thiery, Tuteur des enfans dudict feu Chaillot.

Ledict Procureur à dict auoir faict aſſigner, par deuant nous les Sieurs de Haraucourt, d'Anſeruille, Gournay, Baſſompierre, Gouhecourt, Sieur des Vothons en partie, Noirefontaine, Pierre des Iobarts, & Iean de Bar Eſcuyers, demeurans à Andelincourt, & à Abieuille, & Noble homme, Charles de Rup, pour les terres qu'ils tiennent eſdictes Preuoſtez, contre leſquels non comparans, il à requis deffault pur & ſimple, & pour le proffit, qu'il ſoit dict qu'il ſera paſſé outre à la redaction deſdictes Couſtumes, ſans qu'il ſoit beſoing les appeller de nouueau, ſauf ſils comparent pendant la ſeance des preſens Eſtats, ils y ſeront receus & ouys, ce qu'a eſté ordonné.

De plus nous a eſté remonſtré par honoré Seigneur, François de Dompmartin, Cheualier, Seigneur dudict lieu, Germiny, &c. qu'a l'appel de hault & puiſſant Prince, Charles Philippe de Croüy, Marquis de Hautey, l'on l'auroit qualifié Sieur de Clairez la coſte, aſſize en ce Bailliage, reſſort dudict Gondrecourt, duquel lieu pareillement il remonſtrant ſ'en dict eſtre Seigneur en partie. Occaſion qu'il requeroit eſtre ioinct auec ledict Sieur Marquis, & mis au roolle des comparitions, proteſtant que les preſentations dudict

Sieur *Marquis* faictes par ledict Sieur de Myon, assisté
de I. Thomas, és noms qu'ils se sont presentez, ne luy
puisset preiudicier, lequel Sieur de *Myon* en son nom
a faict protestation contraire, & dict auoir le droict
pretendu par ledict Sieur de Dompmartin par acqui-
sion, surquoy auôs aux parties respectiuemēt octroyé
act de leurs protestations.

Les gens d'Eglise, Vassaulx, de la Noblesse, & du
Tiers Estat, de la terre & Preuosté de Gondrecourt,
comparans par lesdicts Huart Sieur d'Amanty, &
Gourdot, ont declaré qu'ils comparent suiuant le mā-
dement de *M*onseigneur, pour entēdre à la redaction
des Coustumes du Bailliage du Bassigny seulement, &
remonstrēt que de tous temps la Iustice leur a esté administree par les Sieurs *Bailly* du Bassigny, ou leurs
Lieutenans, au Siege dudict Gondrecourt, en cas desquels la cognoissance leur à appartenu. Supplient treshumblement à sadicte ALTESSE, les vouloir maintenir en leur anciens droicts, franchises & libertez, ainsi
qu'ils ont esté conseruez du passé, requerans que leurs
remonstrances & supplications soient inserees au present procez verbal, ce qu'a esté ordonné, & au pardes-
sus dict qu'ils se pouruoiront comme ils trouueront
à faire par raison.

Q iij

Et pour le tiers Estat dudict Siege
DE SAINCT THIEBAVLT
& Preuostez, ont comparuz.

EDICT Maistre Iean de l'Isle, Lieutenant, en personne.

Ledict de Villiers, Procureur, en personne.

Ledict Mombelet, Lieutenant particulier, en personne.

Maistre Iean Thiery, Licentié és Loix, nostre Lieutenant au Siege dudict Gondrecourt, en personne.

Maistre Antoine Robert, Licentié és Loix, Seneschal, Gruyer, & Recepueur esdictes Seneschaulcees, audict Siege de Sainct Thiebault, en personne.

Maistre Iean Thomas, Licentié és Loix, Preuost, Gruyer, & Recepueur de ladicte Marche, en personne.

Nobles hommes Guillaume Berenger, Preuost, Gruyer, & Recepueur, & Didier Des-hazards, Controolleur de la terre & Preuosté de Gondrecourt, par ledict Gourdot.

Maistre Iean Vermisson, Licentié és Loix, Preuost de Chastillon, sur Saone, en personne.

Maistre Nicolas Guillaume, Substitut dudict Procureur general, au Siege de Sainct Thiebault, en ce qui est de ladicte Seneschaulcee de la Mothe, en personne.

Maiſtre François Genin, Licentié és droicts, Aduocat audict Bailliage, & Subſtitut dudict Procureur, au Siege de Sainct Thiebault, en ce qu'eſt de la Seneſchaulcée dudict Bourmont, en perſonne.

Maiſtre Nicol petit, Subſtitut dudict Procureur, à ladicte Marche, en perſonne.

Maiſtre Iean Gourdot, Subſtitut dudict Procureur, en la terre & Preuoſté dudict Gondrecourt, en perſonne.

Maiſtre Pierre Sauarin, Subſtitut dudict Procureur, en la terre & Preuoſté dudict Chaſtillon.

Maiſtre Iulien Meurtel, Subſtitut dudict Procureur general, en la terre & Preuoſté de Conflans, en perſonne.

Iean Michel, Subſtitut dudict Procureur, à Liſſol le grand, en perſonne.

Honoré Remy, Commis au Greffe dudict Bailliage, pour leſdicts Siege & Preuoſtez, en perſonne.

Maiſtre Charles Quilly, Eſcuyer.

Maiſtre Regnault Gorret.

Maiſtre Matthieu Aubertin.

Maiſtre Mammes Collin, Licentié és Loix, Aduocat audict Bailliage, en perſonne.

Maiſtre Pierre Iacquin, Lieutenant en la Preuoſté de ladicte Marche, en perſonne.

Maiſtre Pierre Iacquinet Clerc-juré, & Controolleur en ladicte Preuoſté de la Marche, en perſonne.

Maiſtre Louys Varry, Commis du Greffier audict

Bailliage, Siege de ladicte Marche, en personne.

Iean Gaignot aussi Commis du Greffier audict Siege de Sainct Thiebault, en personne.

Maistre Oliuier de Hasterel, Procureur audict Bailliage, en personne.

Maistre Valentin Morel, aussi Procureur audict Bailliage, en personne.

Pierre Sauarin, Praticien, demeurant à Chastillon, en personne.

Sulpin Vermisson, Praticien audict lieu, en personne.

Guillaume Mardiot, Bastien Thomas Gaudet, Robert Barbel, & Gerard Martin, Sergens audict Bailliage, en personnes.

Les Manans & Habitans dudict Sainct Thiebault, par ledict Gaignot, & Iean Finot, fondez de procuration.

Les manans & habitās de Heuillecourt, par Estienne Daudenet l'aisné, & Estienne Thiebault, fondez de procuration.

Les manans & habitans de Goncourt, par Iean Regnard l'aisné, Claude Sebillotte, & Iean Bourdot, fondez de procuration.

Les habitans de Veroncourt, par Iean Martin, & Simon Subtil, fondez de procuration.

Les habitans d'Ouzieres, par Iean Monginot, & Mongeot Saulcy, fondez de procuration.

Les manans & habitans de Bazoilles, par Regnier
Mareschal,

Marefchal, Martin, Matthieu, & Claude Gillot, fondez de procuration, affiftez dudict Guillaume.

Les manans & habitans de Liffol le grand, par Nicolas Floriot, Iean Michel, Claude Philebert, & Baftien Perrin, fondez de Procuration.

Les habitans de Villorcel, par Henry Didier, & Gerard Defchault, fondez de procuration.

Les habitãs de Romain fur Meuze, par Martin Gennel, & Gerard de Velle, fondez de procuration.

Les habitans d'Illoud, par Simon la Barre, fondé de procuration.

Les habitans de Hareyuille en ce qu'eft dudict Siege de Sainct Thiebault, par ledict Guillaume.

Les Bourgeois, Manans & habitans de la ville de la Marche, & Oreliemaifon, par lefdicts Maiftres Matthieu Aubertin, Faultier, & Regnault Gorret, fondez de procuration.

Les manans & habitãs de Bleuaincourt, en ce qu'eft de ladicte Preuofté de la *Marche*, par Iean de poiffon, Didier Bricard, Nicolas Iacquot & Iean Iacquin, fondez de procuration, affiftez dudict du Molinet.

Les habitans de Rozieres, par François Vomchelin, & Roch Patillot, fondez de procuration, affiftez dudict du Molinet.

Les habitans de Thollaincourt, par Gerard *Martin*, fondé de procuration.

Les habitans de Rocourt, par Liegier Rouffel, & Nicolas Barret, fondez de procuration.

R

PROCEZ

Les habitans de Martigny, en ce qu'est de la Preuosté de la Marche, par Nicolas & Iean Berthemin, fondez de procuration.

Les habitans d'Ainuelle, par Nicolas Bertier, & Iean Barbier, assistez dudict Aubertin.

Les manans & habitans de Serocourt, par Nicolas Thomassin, & Pierre Girardot, fondez de procuration.

Les habitans de Sainct Iulien, par Blaise Mongin, & Iean Pernot, fondez de procuration.

Les habitans de Frain, par Iean Morise, & Iacquot de l'Esguille, fondez de procuration.

Les habitans de Prouenchieres, par Iean Humbert, Mayeur, & Aulbert Huot, fondez de procuration.

Les habitans des Thons, par Maistre Iean Menestrey, & Piere Febure, fondez de Procuration.

Les habitans de Fouchecourt, par Iean Clerc, & Masselin de Frain, fondez de procuration.

Les manans & habitans de Bleureuille, par Nicolas Humbert, & Iean Leuillot, fondez de procuration.

Les habitans de Lironcourt, par Pierre Iacquet, fondé de procuration.

Les habitans d'Iche, par Pierre Genin, Iean Byot, & Nicolas Florent, fondez de procuration.

Les habitans de Tignecourt, par Iean Arnould, fondé de procuration.

Les habitans de Morisecourt, par Iean Courtinet, & Valentin Richard, fondez de procuration, assistez du-

VERBAL. 61

ict Aubertin.

Les habitans de Saulxures, par Iacques Girardot, & Iean Fromont, fondez de procuration.

Les habitans de Senaide, par Claude Roussel, & Héry Mongin, fondez de procuration, assistez dudict Vermisson.

Les habitans d'Amenuelle, par ledict Vermisson, fondé de procuration.

Les habitans d'Oriuelle, par ledict Vermisson, fondé de procuration.

Les habitans de Malleroy, par François Billard, assisté dudict du Molinet, fondé de procuration.

Les manans & habitans de Romain aux Bois, par François Gerard, fondé de procuration.

Les habitans de Becharmoy, par Iacques Remy, fondé de procuration.

Les manans & habitans de la ville & Faulbourg dudict Gondrecourt le Chastel, par ledict Gourdot, Nicolas le Rot, & Iean Nicolas, fondez de procuration.

Les habitans de Goussaincourt, par Iean fondé de procuration.

Les habitans de Baudainuilliers, par Iean Thiebault, fondé de procuration.

Les manans & habitans d'Espie, par Robert Barbel, fondé de procuration.

Les habitãs de Domp Remy, par Nicolas Noblesse, fondé de procuration.

Les habitans d'Eruffe, par Claudin Thomas, fondé

R ij

de procuration.

Les habitans de Burey en Val, par ledict Robert Barbel, fondé de procuration.

Les manans & habitans d'Amanty, par le Sieur dudict lieu, fondé de procuration.

Les habitans de Pargney sur Meuze, par George Brocard, en vertu de procuration.

Les habitans de Maxey sur Voize, par ledict Gourdot, par procuration.

Les habitans d'Abieuille, par Matthieu Niuet, fondé de procuration.

Les habitans de Houdelaincourt, par Claude petit, Mayeur, par procuration.

Les habitans de Baudignecourt, par Demengeot Brochard en vertu de procuration.

Les habitans de Demenge aux eaues, par Gerard Sebille, & Bastien Husson, fondez de procuration.

Les habitans de Mauuage, par ledict Gourdot, fondé de procuration.

Les habitans de Nefue en Blois, par ledict Gourdot, fondé de procuration.

Les habitás de Brexey en Blois, par ledict Gourdot, fondé de procuration.

Les habitans de Vothon hault, par Iean Maistresse, fondé de procuration.

Les habitans de Vothon bas, par ledict Maistresse, fondé de procuration.

Les habitans de Lezeuille, par ledict Gourdot, en

VERBAL.

vertu de procuration.

Les habitans de Dehoruille, par ledict Gourdot, fondé de procuration.

Les habitans de Dainuille, par ledict Gourdot, fondé de procuration.

Les habitans de Clerey, par Maistre Iean Thomas, fondé de procuration.

Les manans & habitans de la ville & Faulbourg de Chastillon sur Saone, par ledict Vermisson, fondé de procuration.

Les manans & habitans de Carre, par ledict Vermisson, fondé de procuration.

Les habitans de Blondefontaine, par ledict Vermisson, fondé de procuration.

Les habitans de Grignoncourt, par ledict Vermisson, fondé de procuration.

Les habitans de Bosseraucourt, par ledict Vermisson, fondé de procuration.

Les habitans de Melay, par Iean Iarain, fondé de procuration, assisté dudict Collin.

Les Bourgeois manans & habitans de la ville de Cõflans, par ledict Meurtel, fondé de procuration.

Les habitans & Communaulté de Haulteuelle, par ledict Meurtel, fondé de procuration.

Les habitans & Communaulté de Dampierre, par ledict Meurtel, fondé de procuration.

Et apres que ledict Procureur à remonstré auoir faict donner assignation aux manans, habitans, & Cõ-

PROCEZ VERBAL.

munaulté de Girefontaine, Sainct Loup, Ianey, Plainemont, Bolligny, Corbenay, Ailleuilliers, Laueure, & Francalmont, villages de la terre, Preuosté, & ressort dudict Cōflans: comme apparoissoit par les exploicts de François Barbier, & François Clerget, Sergens audict Conflans. Auons audict Procureur ce requerant contre les dessusnommez, non comparans, ny autres pour eux octroyé deffault, & dict qu'il sera passé outre, tant en leur absence, que presence, à la presente redaction, sans qu'il soit besoing de nouueau les appeller, sauf s'ils comparent pendant la seance, ils seront receuz & ouys.

Auquel Procureur ce requerant a esté pareillement octroyé deffault contre les manans & habitās de Vogecourt, & de Clinchamps non comparans, auec tel proffict que dessus.

Et en outre luy a esté octroyé act de ce qu'il à remonstré n'estre deuëment informé des qualitez des comparans, & ignorez si aucunes d'icelles sont vsurpees ou non, & de ce qu'il a protesté qu'elles ne puissent preiudicier à son ALTESSE, & ordóné qu'icelles protestations seront inserees au present procez verbal, pour l'vn, & pour l'autre des ressorts.

FIN DV PROCEZ VERBAL.

STILE COMMVN ET
FORME DE PROCEDER EN IV-
stice au Bailliage du BASSIGNY, en ce qui est du ressort de la Cour des grāds iours de SAINCT-MIHIEL, redigé par escrit, & accordé par les Praticiens, assemblez par commandement de Messire Iean de Beauuau, Seigneur de Nouiant aux Preiz, Tremblecourt, Hamonuille, Conseiller d'Estat de son ALTESSE, Gentilhomme de la Chambre de Monseigneur le Cardinal, Bailly du Bassigny, les trois, quatre, cinq, six, sept, & huictieme de May, mil six cens & quatre, comme s'ensuit.

PREMIEREMENT DE LA CHARge & office dudict Sieur Bailly, & de son Lieutenant.

TILTRE I.
ARTICLE PREMIER.

MONSIEVR le Bailly du Bassigny, ou son Lieutenant à droict de tenir publicquement ses assizes és Sieges dudict Bailliage, qui sont deux, sçauoir, le Siege de la Mothe, & celuy de Bourmont.

DE L'OFFICE DV SIEVR BAILLY.

II.

Esquels deux Sieges priuatiuement de tous autres Iuges dudict Bailliage, il à pouuoir de faire publier les Edicts, Ordonnances, & mandemés de son ALTESSE, Intheriner les lettres de Grace, Pardon, Remission, Naturalité, legitimation, restitution en entier, & tous autres benefices de Prince, Publier Chartres, faire entretenir lesdicts mandemens, Edicts, & Ordonnances en chacun des Sieges subalternes.

III.

Quant aux insinuations des donnations, traictez de mariages, & publications de testamens, il est au choix des personnes roturieres des Seneschaulcees de la Mothe, & Bourmont, de les faire insinuer & publier par-deuant mondict Sieur le Bailly, son Lieutenant, ou Seneschal.

IIII.

Mondict Sieur le Bailly cognoist de toutes causes d'appel, d'actions de gens d'Eglise, d'Abbayes, Conuents, Prieurez, & autres benefices Ecclesiasticques, Colleges, & Communaultez, le tout pour ce qui concerne le temporel.

V.

Item des Gentils-hommes, Nobles, de la nature, & saisie des Fiefz, des cas de cóplainctes de nouuelleté, d'assemblees

ET DE SON LIEVTENANT. 64

d'assemblees illicites, ports d'armes, vagabonds en nōbre de dix, de faire la police, ordōner de l'effect d'icelle, choisir les esleuz & renforts, faire asēbler la Noblesse, & autre force dudict Bailliage, par monstres, & autrement, toutes & quantesfois qu'il se treuue bon, pour le seruice de son ALTESSE, ou par son commandement.

VI.

Donner Sauuegarde, Pareatis de tous les mandemens & Commissions, prouenātes des Iuges d'ailleurs que dudict Bailliage, tenir la main forte, sur les benefices vacquans en iceluy, desquels il a la garde & droict de cognoistre de tous autres cas priuilegez.

VII.

Les assizes se doiuent tenir de trois ans en trois ans és villes de la Mothe, & Bourmont, subsecutiuemēt, en ensuiuāt l'ancien ordre, & afin que personne n'en pretende cause d'ignorance, les publications s'en font quarante iours auparauant auec affiches tant és lieux publicques des deux villes, qu'en ceux des villages ou il y a foires & marchez, & esquelles assizes doiuent presentation, la veille à la tenue, & le lendemain cōparition & assistance, tous les Officiers, comme Procureur general, ses Substituts, Seneschal de la Mothe & Bourmont, ses Lieutenant, Preuost, Mayeurs, leurs Lieutenans, Faultiers, Escheuins, Gouuerneurs des affaires des

S

Communaultez, Procureurs sindicques, Notaires, Greffiers, Sergens, Forestiers & autres ayans charges publicques, soit du domaine de son ALTESSE, ou de ses Vassaulx, & ce à peine de trois frans Barrois sur chacun deffaillans pour chacune fois.

VIII.

Ne doiuent estre receuës aucunes personnes pour Aduocasser & postuler esdicts Sieges, s'ils ne sont graduez, & n'ont prestez le serment pardeuant Monsieur le Bailly, ou son Lieutenant, ouy le Procureur general: comme aussi à l'aduenir ne sont admises à postuler és Sieges inferieurs, que personnes de bonne reputation, & versez en praticques, & n'ayent presté le serment.

IX.

Les Aduocats graduez postulās esdicts Sieges sont traictables par deuant mondict Sieur le Bailly chacun en son ressort, en toutes actions personnelles. Comme aussi les Procureurs postulans, Greffiers Bailliagers, leurs Commis, & les Sergens pour raison des cas qui procedent des Commissions dudict Bailliage.

DE LA CHARGE ET
office du Procureur general.

TILTRE II.

Article I.

A pourſuitte de toutes actions concernantes les droicts & auctoritez de ſon Alteſſe, & qui touche le public appartient audict Sieur Procureur general dudit Bailliage, ou à ſes Subſtituts chacun en ſon reſſort, & en ce faiſant ſoit qu'il gaïgne ou perde ſa cauſe, il ne prend ny dône aucuns deſpés, que ſi auec luy y à vne partie ciuille ioincte, demandereſſe, ou deffendereſſe, ou qu'il ſoit ſimplement ioinct, interuenant, ou ioinct auec ladicte partie ciuille icelle emportera, ou payera ſeule, & pour le tout les deſpens.

II.

Appartient audict Procureur par tout ledict Bailliage faire abourner & limiter les haults & grands chemins, lieux publics & communaux, parties qui feront à appeller appellees, & en cas de contention, & qu'il ſoit beſoing d'en entrer en cauſe, la renuoyer pardeuãt

S ij

DE L'O.F DV PROC. GENERAL.
Monſieur le Bailly ou ſon Lieutenant au Siege ſoub lequel la choſe contentieuſe eſt aſſize.

III.

Les Greffiers, Clerc-jurez tant du Bailliage que des Seneſchaulcees, Mairies & Iuſtice du domaine de ſon ALTESSE, de ſix mois à autres doiuent dreſſer roolles des procez, eſquelz ſon ALTESSE, ou le publicq ont tereſt, & y peut eſcheoir amende ou punition, pour en eſtre faicte la pourſuitte par ledict Procureur general ou chacun de ſes Subſtituts en leur reſſort.

IIII.

Comme auſſi leſdicts Greffiers & Clerc-jurez doiuent mettre és mains dudict Procureur, ou ſes Subſtituts, extraicts des rapports qui leur ſont faicts, eſquels ſadicte ALTESSE, ou le public ont intereſt, & ce dedans quinzaine, apres que leſdicts rapports aurōt eſtez faicts, à peine telle que les Iuges peuuent arbitrer ſelon l'exigence du cas

DES SENESCHAVLCEES ET
Mairies du domaine, & autres Iustices inferieures des Vassaulx.

TILTRE III.

Article I.

LE Seneschal de la Mothe & Bourmont, à la iurisdiction des cas ciuils & criminels, sur tous les subiects roturiers du domaine desdictes Seneschaulcees, à la reserue des cas priuilegez, & de ceux qui ont tiltre au contraire, & si luy appartiët encor la cognoissance des executions ciuilles & criminelles, & de celles faictes sur lesdits roturiers, en vertu des cōtracts passez soub les Seaux de son ALTESSE.

II.

Ledict Seneschal, ses Lieutenās, Preuosts, Mayeurs, ou leurs Lieutenans, doiuent tenir leurs iours ordinaires, de huictaine à autre, laquelle escheante à vn iour ferié, l'audience de ce mesme est cōtinuee au plus prochain non ferié, excepté la semaine deuant Pasques, & la suiuante.

III.

Que toutes audiences des iournees ordinaires tant des Sieges dudict Bailliage, Seneschaulcees, Preuostez

DES SENESCHAVLCEES

& Mairies, comme auſſi toutes aſſignations pour cauſes prouiſionnelles, en cas d'abſence de Monſieur le Bailly, des Sieurs Lieutenans general & particulier, pour ce qui ſe doit traicter és Cours dudict Bailliage, ſe tiennent pardeuāt le plus ancien Aduocat, & le meſme eſdictes Seneſchaucees, Preuoſtez & Mairies, en l'abſence des Iuges ordinaires, ſe faict pardeuāt le plus ancien Aduocat, poſtulāt, ou praticien, eſdicts Sieges.

IIII.

Que pendant la ſemaine de la tenue des iournees ordinaires dudict Bailliage, leſdits Seneſchal, Preuoſts ny autres Iuges inferieurs, ne doiuent tenir leurs iours ordinaires en meſme iour que ceux dudict Bailliage.

V.

Auquel les vacquances ſe prennēt pendant le tēps des fenaiſons, moiſſons & vendanges, & ce ſelon qu'il ſe treuue eſtre commode & neceſſaire par l'arbitrage de mondict Sieur le Bailly, ou du Lieutenant general.

VI.

Les Iuges doiuent proceder ſommairement és cauſes legieres, & non excedentes deux frans, & les vuider par ſermēt de l'vne ou de l'autre des parties, ſi dōcques elles ne vouloient promptement & ſommairement verifier leurs faicts.

VII.

Tous Iuges signent le *dictum* de leurs sentences, & mettent en marge les espices, & *visa* qu'ils ont receu, & s'ils ne sçauët signer, les doiuent faire signer par leur Greffier.

VIII.

Par tous les Sieges dudict Bailliage, les procez reglez en droict sur incidens, se doiuët iuger dans quinze iours apres qu'ils sont distribuez és mains des Iuges, & ceux qui sont conclus au principal, se doiuët iuger dedās six semaines, à peine de tous despēs, dommages & interests contre qui il appartiendra.

IX.

Les Iuges ne doiuent en matiere ciuille ouyr plus de dix tesmoings sur chacun faict, à peine de reject des supernumeraires, n'est doncques qu'ils en obtiéne benefice de Prince.

X.

Les Aduocats & Procureurs ont accoustumé d'occuper pour les autres Aduocats & Procureurs absens, & pour cela ne peuuent estre tenus suspects en faisant le serment en tel cas requis.

XI.

Il n'est loisible ausdicts Aduocats & Procureurs postulans és Sieges dudict Bailliage & inferieures de coparoiſtre pour les parties ſ'ils n'ont procuration ou memoires ſuffiſans, & dequoy il faut faire paroiſtre dans la ſeconde aſſignation à peine de deſpens : & doiuét eſtre ſignees par les parties, ou leurs Aduocats & Procureurs, les eſcritures qu'ils fourniront en Iuſtice, & y a deffence aux Greffiers d'en receuoir autrement.

XII.

Auſquels Aduocats & Procureurs il à touſiours eſté deffendu de demander des delais fruſtratoires pour proteller les cauſes au preiudice du droict des parties.

XIII.

Les Mayeurs du domaine de ſon ALTESSE ne cognoiſſent d'aucun crime, excez ou delicts, reprinſes des bois, ny des cauſes ciuilles, excedantes dix frans barrois, & demeure à l'option de celuy qui pretend pareille ſomme, ou au deſſoub de faire conuenir ſa partie pardeuant le Seneſchal, ou Mayeur du lieu, reſerué les Maires des Communaultez qui auront tiltres au contraires.

DES COMMISSIONS ET AD-
iournemens par tout ledict Bailliage.

TILTRE IIII.

I.

QVE toutes Commiſſions dudict Bailliage doiuent eſtre libellees, & contenir ſommairement la demãde, & à faute de ce ne ſont les adiournez tenus de proceder ſur le champ : Mais ſont renuoyez auec deſpens ſ'il eſt requis, & pourquoy eſt faicte deffence aux Greffiers de deliurer aucune Commiſſion qu'elle ne ſoit libellee, & aux Sergẽs de les executer à peine de quinze gros d'amende ſur chacun cõtreuenant, & de deſpens contre qui il appartiendra.

II.

Et pour l'eſgard des Seneſchaulcees, Preuoſtez & Mairies qui cognoiſſent des cas de haulte Iuſtice, ſuffit pour les adiournemens ſimples que les exploicts ſoiẽt libellez, & pour les adiournemẽs perſonnels ſur profit de deffault, d'execution de ſentence, que ce ſoit en vertu de Commiſſion libellee, ſ'il n'y à vſage & tiltres contraires, & és autres Mairies de moyenne & baſſe Iuſtice, ſuffit fournir demande par eſcrit, ou ſur le regiſtre a la premiere aſſignation.

T

DES COMMISSIONS,

III.

Tous adiournemens se doiuent faire à personnes, ou à domicils, en presences de deux recors & tesmoings, les noms, surnoms, qualitez & demeurances desquels, auec le iour, heure, & lieu, que les exploicts aurōt esté faicts, estre inserrez au rapport du Sergēt, & en la coppie de l'exploict (s'il est redigé par escrit) & ce à peine de trois frans barrois d'amende contre les Sergens executeurs. Semblablemēt lesdicts Sergens en tous autres exploicts sont tenus prendre deux recors.

IIII.

Que ceux qui n'ont aucun domicil audict Bailliage, & ny peuuent estre adiournez à leurs personnes, le font vallablement, à haults cris sur les extremitez & destroicts dudict Bailliage, ou és lieux publicques des villes ou villages, ou ils ont accoustumé de hanter. Que si l'adiournement se faict pour cause de quelques immeubles, actions reelles, ou mixtes, suffit qu'il soit faict aux detenteurs desdicts immeubles.

V.

Que toutes assignations qui se donnent contre les Abbayes, Conuents, Priorez, Colleges, & autres Communaultez de villes ou villages, se doiuent faire pour l'esgard desdictes Abbayes, Cōuents, Priorez & Colleges, aux Abbez, Prieurs, Doyens, Preuosts, & Gouuerneurs des lieux. Et pour les Cōmunaultez de villes, villages, aux Gouuerneurs, Sindicques, Escheuins, Faultiers & autres personnes qui en ont la charge, & au defaultd'y en auoir se font lesdicts adiournemēs à haults cris aux portes des Abbayes, Conuents, Priorez, ou au portail de l'Eglise desdites Cōmunaultez auec affiches & inionctions aux plus proches voisins de le signifier.

VI.

Toutes assignations pour cōmencer, reprendre, ou repudier procez, doiuét estre dōnees pour les iours ordinaires, à peine de nullité, n'estoit qu'il fut question de procedure criminelle, ou prouisionnelle, ou de police.

VII.

Que tous adiournemens ciuils ne se doiuent donner à plus long dilay que pour venir proceder dedans les iours ordinaires d'apres, à peine de nullité.

VIII.

Tous Sergens sont tenus d'auoir leurs coppies prestes, afin de promptement, & dedans le iour de leurs exploicts faicts, deliurer icelles aux adiournez, encor qu'ils n'en demandent point, & ce sur peine de trois frans d'amende sur le Sergent & de despens dommages & interests, contre la partie poursuiuante, sauf a elle son recours à l'encontre dudict Sergent.

IX.

En matiere ciuille & ordinaire, doit auoir deux iours au moins entre le iour de l'adiournement, & celuy de l'assignation ou autre dilay cōpetant (eu esgard

T ij

DES COMMISSIONS,

à la diftance des lieux) & ce afin que la partie adiournee ait moyen de fe pouruéoir de confeil, & autrement.

X.

Il eft deffendu aux Sergens de faire aucuns exploits,
fignifications,& donner affignation és iours de feftes,
fi ce n'eft pour faict de criees, & ce à peine de nullité
de leurs exploicts, d'amende à l'arbitrage du iuge, &
de l'intereft à la partie.

XI.

Ne doiuent auffi lefdicts Sergens receuoir les parties (lefquelles ils executent)pour gardiens & depofi-
taires de leurs meubles pris par execution, à peine de
nullité de leurs exploicts, d'amendes arbitraires & de
defpens dommages & interefts.

XII.

Si vn Sergent à prins des meubles par execution
pour deniers de fon ALTESSE, ou redeuances Sei-
gneuriales de fes vaffaulx, ne fen peut faire la vente
auant la huictaine cõplette, & fi ceft pour autres debtes ou creantiers particuliers auãt la quinzaine,& pour
les prouifions d'alimens & medicamens auant trois
iours entiers,le tout aux mefmes peines que cy deuãt.

XIII.

Et ne fe doiuent prendre par execution pour gages

ET ADIOVRNEMENS.

les liures des gens d'Eglise, Iuges, Aduocats, ou d'autres personnes de pareille profession, armes de Gentil-hómes, Soldats, Cheuaulx de seruices de ceux qui sont employez actuellement, bestes trayantes, instrumens seruans à labourage, oultils d'ouuriers.

XIIII.

D'artisans, licts de femmes gisantes, d'autres personnes malades, & en tous cas, n'estoit qu'il ne si trouuast d'autres meubles suffisans pour satisfaire à l'execution: Sauf qu'en tous cas aux gens d'Eglise sont reseruez leurs Breuiaires, Missels, vne robe, & vn habit, non subiects a estre executez.

XV.

Lesdicts Sergens ne doiuët receuoir aucuns deniers, grains, ou autre chose des debteurs obligez, condamnez, ou executez, s'ils n'ont mandement exprez, à peine de trois frans d'amende, dommages & interests, & suspension de leurs estats pour trois mois, & si pour vendition de meubles procedans de leur execution, ils reçoiuent des deniers, sont tenus dans trois iours les deliurer aux creanciers, soub les peines que dessus.

XVI.

Toutes executions commencees par lesdicts Sergens, sur meubles ou fruicts pendans par les racines, se doiuent paracheuer incessament & sans intermission,

T iij

quoy que ce soit dedans les dilais cy deuāt prescrits, & au plus, dedās l'an àpeine de nullité, & de tout despēs, dommages, & interests, n'estoit qu'il y ait opposition, ou procez pour ce cas, qui retardast le paracheuement de l'execution.

XVII.

Deffences ausdicts Sergens de retenir plus de huict iours, sans exploicter les Obligations, Sentences, Commissions, ou autres instrumens ayans execution paree, qui leur auront esté mis és mains pour executer, & ce à peine d'amende de trois frans, dōmages, & interests de la partie, & desquelles Obligations, Commissions, Cedulles & instrumens, ils sont tenus donner *recepisse* aux parties, à peine de trois frans, quoy qu'on leur en demande, ou non.

XVIII.

Les prinses de corps ne se pouuans executer sur les personnes de ceux contre qui elles sont decernees, s'en font les adiournemens à trois briefs iours. C'est à sçauoir que par vn mesme exploict & adiournement, ils sont assignez à trois diuers iours, & y doit auoir interual de trois iours entiers & francs, entre celuy auquel l'adiournement est faict, & la premiere assignation, & de mesme entre la premiere & la seconde, & d'icelle à la troizieme, six iours francs & entiers, & peut le Iuge de son office à ladicte derniere assignation donner à l'adiourné deffaillant vn sauf de huict iours, ou autre

ET ADIOVRNEMENS. 71

tel qu'il arbitrera eſtre raiſonnable, ſelon la diſtāce des lieux, qualité des perſonnes, matiere de la cauſe, & ſaiſon de l'annee, & emporte le premier deffault perſonnel, proffit de ſaiſie, & annotation de biens, auec inuentaire & peine de ban.

XIX.

Les adiournez à comparoir en perſonnes, ne ſont receus à ſe preſenter par Procureurs. Toutesfois ſ'ilz ſe veuillent exonier ou excuſer pour cauſes legitimes enuoyent hōme expres pour affermer l'excuſe ou exoine, ſur peine de deffault perſonnel, & d'eſtre ordonné par le iuge, comme il trouue à faire par raiſon, ſur l'exigence du cas.

XX.

Tous arreſtez par priſon ferme & autrement, pour cas de crime & excez, doiuent eſtre inceſſamment, & au plus tard dans vingt quatre heures ouys & interrogez ſur les informations ou procez verbal de leur capture (ſ'il y en a) ſinon ſur les faicts d'accuſation, & ſans qu'il ſoit permis aux Iuges, Greffiers, Procureurs generaux ou d'office, ny autres officiers de Iuſtice de prēdre deſdictz priſonniers quelque choſe pour leur audition & interrogatz.

XXI.

Tous impetrans de lettres de graces, pardon & remiſſion, ou d'autres benefices ſemblables doiuent en

STIL OBSERVE'
personnes à teste nue, mains ioinctes, & à genouilz, en
requerir l'entherinemét pardeuant Monsieur le Bailly
ou son Lieutenant au Siege de ressort, le Procureur general
present & ouy ensemble la partie ciuille, s'il y
en a.

STIL OBSERVE EN IVGEMENT.

TILTRE V.

I.

LEs parties comparantes, eslisent domicil ou la cause est introduicte, & si elles n'ont domicil, ou ne possedent immeubles au dedans de la iurisdiction, donnent caution soluable soub le ressort pour payer l'adiugee, & si elles n'en peuuent trouuer faisans paroistre de leur deuoir, sont receües à caution iuratoire.

II.

Toutes parties à l'entree de la cause sont tenues se purger par serment de calomnie, s'il est requis, & aux peines de droict.

III.

Contre celuy qui est trouué en iugement l'on peut proposer demandes encor qu'il n'ait esté adiourné, &
est

est tenu de respondre, en luy octroyant dilay competant pour ce faire s'il est besoing, sauf son renuoy s'il y eschet.

IIII.

Au iour de l'assignation les parties comparantes sont tenues de respondre ou alleguer leurs fins declinatoires, de non proceder, de nõ receuoir, ou autres semblables, sur peine de deffault, si n'estoit qu'on voulust debatre l'assignation d'incompetance apparante, ou qu'il y eust autres iustes considerations, auquel cas le Iuge peut d'office octroyer vn dilay.

V.

L'adiourné qui par fins de non proceder allegant litispendãce, si promptemẽt & sur le champ il n'en faict deuëment apparoistre au iuge, est tenu (sans preiudice d'icelle) & sans y auoir esgard pour lors, deffendre à toutes fins, pourra neantmoins par fins de non recevoir, lors proposer ladict litispendance.

VI.

Celuy qui est promptement conuenu pardeuant le iuge du lieu, ou il à faict quelque despence, traficque, ou marchandise, est tenu d'y respondre pour le mesme faict, & (s'il est besoing) peut estre par auctorité de iustice arresté, ou sadicte marchandise, selon que le cas le requiert.

V

STIL OBSERVÉ

VII.

Les estrangers passans par ledict Bailliage auec meubles, peuuent estre lesdictz meubles arrestez, s'il y a sentence, obligation, ou instrument suffisant, à charge de despens dommages & interestz.

VIII.

L'adiourné en simple garandie faisant deffault, le demandeur pour proffict d'iceluy à act de ses sommations, interpellations & protestations, & neantmoins est tenu de passer outre auec le demandeur originel, s'il le requiert, comme de mesme si l'adiourné en garandie faict refus de prendre le gariment & la cause pour le deffendeur originel.

IX.

Que celuy qui prend la garandie pour le deffendeur originel auant contestation en cause, s'il ne demande autre garand, & que la matiere y soit disposee, (auquel cas y aura vn dilay à l'arbitrage du iuge) est tenu de respondre aux fins du demandeur originel, desquelles, celuy en garandie, en faisant assigner le garand luy doit faire donner coppie de sa demande, & de celle du demandeur originel du procez verbal, de la monstree & veüe de lieu, si aucune en a esté faicte.

X.

Que si ladicte monstree n'a esté faicte, & que l'adiourné en garandie auant que prendre la cause en deffence, la requiert, le deffendeur originel est tenu luy faire faire à ses despens, sauf à repeter s'il y eschet.

XI.

Que l'appellé à garand n'est receu à demander dilay de second & arrier-garand qu'il n'ait premieremēt prins la garandie, & n'y a que deux dilais en recours d'icelle.

XII.

Celuy pour lequel le garand prend le garimēt, peut demeurer en cause, & l'assister, ou bien sortir hors de Court si bon luy semble, à charge que la sentence donnee contre le garand soit declaree executoire sur le garanty pour le principal, & non pour les despens dommages & interestz, sinon que le garand fût discuté & rendu insoluable, ou qu'il n'eust aucuns moyens dedans le Bailliage, auquel cas, l'execution desdictz despens dommages & interestz se pourra faire contre ledict garanty, lequel il conuiendra appeller pour comparoistre à la taxe & liquidation d'iceux, à ce d'auoir recours contre l'appellé à garand, si le cas y eschet.

XIII.

Aprés contestation en cause chacune des parties

peut appeller garand fans retard du procez, fi la matiere y eft difpofee, mais n'eft receuable ledict garand à prendre le faict & caufe pour celuy qui l'a appellé, ains feulement l'affifter audict proces, ce que pareillement peut faire celuy qui eft appellé en fimple fummation de garandie, ou du defdommagement en action perfonnelle.

XIIII.

Pareillement la partie qui allegue compromis, promeffes, accord & tranfaction, fi elle n'en informe fur le champ, eft tenue de paffer outre, & proceder en la caufe felon l'affignation a elle baillee, ou fuiuant les derniers appoinctemens dõnez en ladicte caufe, fans preiudice de ladicte fin de non proceder de laquelle, ladicte partie ce requerant, fera receüe à informer, & partie aduerfe au contraire, pour au cas qu'il en coufte fuffifamment, eftre les parties condamnees d'entretenir lefdictes promeffes, accord, tranfaction, ou compromis.

XV.

Que toutes affignations qui fe dõnent pour veoir intheriner lettres de graces, pardon, remiffion, ou autres benefices, declarer executoires, fentences, obligations en matiere d'execution, de criees, adiuger immeubles par decret de cõplaincte en cas de nouuelleté, de fourniffement de ladicte complaincte, d'enterinemẽt de lettres de prouifions, de garandie, execution de fen-

EN IVGEMENT.

tences contre le condamné, ses hoirs ou ayans causes, desertion d'appel, recognoissance de cedulles, taxe de despens, liquidation de fruictz, dōmages & interestz, le premier deffault se donne auec readiournement ou inthimation.

XVI.

Tous autres adiournemens en sommation, pour veüe de lieu, enquestes, veoir compulser, collationner & produire tiltres, matiere de sauuegardes, d'asseurement, d'alimens, medicamens, donner caution, & autres prouisionnelles se donnent auec inthimation portans tel proffit que si la partie compare ou non, l'on passe outre.

XVII.

Les assignations en recognoissance de cedules, donees à la personne de l'adiourné, le deffault en prouenant porte proffit tel que la cedule demeure pour deniee auec pouuoir de la verifier sommairement la partie deffaillante readiournee auec inthimation pour veoir proceder à la preuue, & ce faict donner reglement sur la verification, & en cas de sentence de la cedulle, icelle porte hypothecque des le iour de ladicte sentence, & proffit de nantissement de la somme deüe, lequel nantissement s'execute, nonobstant opposition, ou appellation quelconque & sans preiudice, en donnant par le demandeur caution resseante & soluable.

V iij

S'TIL OBSERVE'
XVIII.

Et si le deffaillant & readiourné n'estoit iurisdiciable en premiere instance par deuant le iuge de ladicte recognoissance, icelle faicte doit estre renuoyé par deuant son iuge ordinaire pour plaider au principal, ou obtenir le nantissement en la forme que dessus, sil le requiert, & qu'il reside audict Bailliage, & pour les despens de l'instance de recognoissance, s'ilz sont adiugez au demandeur, le deffendeur renuoyé par deuant son iuge ordinaire pour plaider sur ledict nantissemēt ou principal, & il y obtient gaing de cause contre le deffendeur, il peut repeter d'iceluy les despens qu'il y auroit payé de ladicte instance de recognoissance.

XIX.

Quant aux Tuteurs, Curateurs, Commissaires establis par iustice, Faultiers, Voyeurs, Oeconomes, Gouuerneurs d'affaires des Communaultez, Escheuins de villes, villages, d'Hospitaux, Confrairies, Sindicques, & toutes autres personnes qui ont eu charge publicque, & sont subiectes d'en rendre compte, estant adiournez auec inthimation par deuāt les iuges de la creation ou establissemēt de leurs offices, le premier default se dōne pur & simple auec proffit de pouuoir par le demādeur veriffier sommairement la qualité & gestion des deffaillans, & iceux readiourner auec inthimation pour la verification faicte, sont condamnez à rendre

EN IVGEMENT.

ledict compte par deuant ceux qu'il appartient, comme il est dict cy dessus.

XX.

Les adiournez en tesmoignage deffaillans sont re-adiournez à peine arbitree par le iuge, selon la qualité des parties & exigence du cas, comme de mesme ceux qui sont adiournez pour proceder à l'eslection de Tuteurs, Curateurs, Coadiuteurs, & autres personnes pour charges publicques.

XXI.

Deffault ou congé de cause est donné auec cõdamnation de despens contre tous Tuteurs, Curateurs, cessionnaires, donnataires, subrogez, & autres agissans pour & au nom d'autruy, s'ils ne font à la premiere ou seconde assignation apparoir de leurs qualitez en estãs requis, excepté les Peres & Meres comme Tuteurs de leur enfans, le mary au nom de sa femme.

XXII.

Es causes ciuilles auant que d'adiuger le proffit de plusieurs deffault, le dernier estant donné sur adiournement auec inthimation, lors l'impetrãt d'iceux fournit de demande pour obtenir ledict proffit.

XXIII.

Les peremptions d'instance introduictes de droict

escrit sont receües audict Bailliage, & n'en est l'on rel leué sans benefice de Prince.

XXIIII.

Es Sieges dudict Bailliage en matiere possessoires de rescision & nullité de contractz, restitution en entier, & de semblables actions, on plaide à toutes fins, neantmoins si on tend à prouision ou recreance, on y faict droict premier que sur le principal ou plain possessoire, & s'execute le iugement de recreance ou de prouision, nonobstant opposition ou appellation quelconque, & sans preiudice, en donnant par l'impetrāt caution soluable & resseante pour rendre en fin de cause s'il est dict, & que faire se doiue.

XXV.

Que quand vne partie est par benefice de Prince receüe à poser faicts nouueaux, ou à prouuer plus amplement, l'autre partie respond & prouue aussi si elle veut plus amplemēt, le tout aux despens de l'impetrāt, & sans qu'il soit besoin d'en obtenir decret par l'autre partie, & se taxent & payent lesdicts despens comme preiudiciaux, sans esperance de les repeter par appel ny autrement.

XXVI.

En procez criminelz ou d'excez s'il y a vne partie ciuille & ioincte auec le Procureur general, ou Fiscal, & elle

EN IVGEMENT. 76

elle faict les frais, ledict Procureur à accouftumé de luy donner communication du fecret.

XXVII

En matiere criminelle, de delict, ou d'excez, l'accufé deffaillant apres les trois briefz iours encourus, eft declaré contumax & forclos de toutes exceptions, & pour le proffit de la forclufion le Procureur general ou d'office, & la partie ciuille (s'il y en a) font receus à faire recoller les tefmoins & en ouyr d'autres par ampliation, & les recoller fi befoin eft, & leur recollemēt ainfi faict en l'abfence de l'accufé (readiourné auec inthimation & deffaillant) vaut confrontation, & tout ainfi comme fi les tefmoins luy auoiēt eftés confrōtez.

XXVIII.

Pareillement fi apres auoir efté interrogé il s'abfente, ou eft eflargy eft adiourné auec inthimation pour fe reprefenter en eftat, & luy eftre lefdicts tefmoins cōfrontez, ou veoir faire quelque autre act neceffaire pour l'inftruction du procez, & s'il ne compare eft readiourné à trois briefz iours auec inthimation, & en cas de contumace, de rechef inthimé, & s'il ne fe reprefente, le recollement vault confrontation, & eft le procez inftruict, & fe iuge tout ainfi cōme fi l'accufé auoit comparu & efté à droict.

XXIX.

Item auffi en matiere criminelle, celuy qui eft ad-

X

iourné ou arresté en personne par deuāt autre iuge que le sien il n'est receuable a demander son renuoy qu'il ne soit assisté de son Seigneur, ou Procureur d'iceluy deuëment fondé.

XXX.

Que si l'accusé à approuué la iurisdiction du iuge ou il est preuenu, encor qu'il y eschee renuoy, si est-ce qu'il ne luy sera octroyé, sinon en payant les frais de la procedure commencee par deuant ledict iuge.

XXXI.

Tous dilais de faire veüe de lieu, sommation de garand, de deffendre, replicquer, duplicquer, triplicquer, & quadruplicquer, informer par tiltres, tesmoins, ou autres enseignemens, bailler moyens de nullité, & validité d'enqueste, reproches, & saluations de tesmoins, reiect, cōtredict & soustenemēt de tiltres, comptes ou autres choses sēblables, produire par inuentaire, & tous autres dilais sont peréptoires à l'arbitrage & discretion des Iuges, lesquels neantmoins les peuuēt proroger ou renouueller, si la matiere le requiert.

XXXII.

En toute vne cause ne se donne qu'vn dilay d'absence.

XXXIII.

Apres contestation doit estre satisfaict aux appointemés de la cause à peine de forclusion & de decheance, de laquelle si la partie impetrante consent que l'autre en soit releuee, faire le peut en payant les despés du procez retardé.

XXXIIII.

Les parties plaidantes peuuent en tout estat de la cause, & signamment pendāt les dilais de preuue (sans retard du procez, sauf neantmoins au iuge d'en proroger lesdicts dilais selon l'exigence du cas) se faire interroger par serment sur les faicts par elles posez, extraicts de leurs escritures, & apres que le produisant les aura affermé seront cōtrainctes de les respondre par deuāt le iuge, en presence des adioincts (s'il y en a) & sans assistance de conseil, à peine que lesdicts faicts soient tenus pour auerez & confessez, & s'en faict la responce aux despens du requerant qui les repete, s'il obtient gain de cause.

XXXV.

Es iustices dudict Bailliage qui ressortissēt à la Cour souueraine de Sainct-Mihiel il ne s'y faict publication d'enquestes.

XXXVI.

En matiere prouisionnelle, d'enqueste sommaire, les reproches & nullitez, valliditez & saluations, se donnent promptement, & sur le champ, auant l'audition des tesmoins, ou bien l'enqueste demeure secrette ius-

X ij

ques à ce que lesdictes reproches, nullitez, valliditez, & saluations seront dõnees dedans brefs dilais à l'arbitrage des iuges, & les sentences qui en procedent, pour cas prouisionnels sont executoires par nantissement, nonobstant opposition quelconque, & sans preiudice, & à caution pour le rendre s'il y eschet.

XXXVII.

Les moyens de nullité d'enqueste & reproches de tesmoins se baillet par vn mesme volume d'escritures, comme au semblable se font les validitez & saluations.

XXXVIII.

Les enquestes se signent par le Iuge, Greffier & adioincts (s'il y en a) ou sçauent signer, sinon en doit estre faicte mention à la closture desdictes enquestes.

XXXIX.

Les Greffiers ne doiuent receuoir les productions literalles sans inuentaire non plus que les procez instruicts & reglez en droict, & lequel inuentaire ils veriffient, & en chargent leurs registres.

XL.

La copie d'inuentaire des biens des mineurs signee & faicte par auctorité de iustice sur l'original est receüe en pareille force que ledict original pour les mi-

EN IVGEMENT.

ñeurs, Tuteurs, Curateurs, coadiuteurs, leurs hoirs, & ayans cauſe.

XLI.

Les parties qui maintiennent de faux les acts, contracts & autres inſtrumens, ſont tenües ſ'inſcrire prómptement, & pour le plus tard dans huictaine apres, & ce faict, eſlire domicil au lieu, & y donner caution pour payer l'adiugé.

XLII.

L'on ne faict qu'vn original des ſentences, procez verbaulx & acts iudiciaires, & ſe donne à la partie, à la diligéce de laquelle il a eſté faict, & aux autres des copies & extraicts, ſi ce n'eſt que ledict original ſerue à toutes les parties, & en ce cas il eſt faict double, ou eſt donné à chacune d'icelles pluſieurs par ordonnance du Iuge.

XLIII.

Le ſemblable ſ'obſerue és contracts & autres inſtrumens qui ſe font ou paſſent par deuant Notaires ou Tabellions.

DES CRIEES.
TILTRE VI.
I.

Es deteurs condamnez ou obligez, font tenus faire offre reelle de ce qu'ils doiuent, au premier commandement qui leur en est faict, autrement payent les despens de l'execution.

II.

Le crediteur ayant instrument portant execution paree auec commission ne peut faire proceder par saisies & criees sur les immeubles de son deteur que premier iceluy ne soit discuté en ses meubles, & au deffault d'iceux par la perquisition & cherche que le Sergent executeur faict au domicil, n'en trouuant point, se peut addresser ausdicts immeubles.

III.

Et pour proceder ausdictes criees & véte d'immeubles, sont au prealable les commandemens faicts par le Sergent au domicil du deteur, s'il est demeurāt audict Bailliage, sinon au deteteur des heritages, ou à cris publicques és lieux ou ils sont assis.

IIII.

Qu'aux deffault de payemēt dans la huictaine apres

les commandemens faicts, le Sergent doit saisir les immeubles qu'il entend subhaster & exposer en criees, apposer brandon sur l'vn d'iceux, pour marque de ladicte saisie, y establir commissaire, auquel il baille declaration desdicts heritages, & le tout signifier audict deteur, & luy faire les deffences en tel cas requises & accoustumees.

V.

Et l'octaue (d'apres lesdicts commandemens faicts) escheüe & passée, se font publiquemēt lesdictes criees, & se continuent par quatre quinzaines à iours de Dimenches yssue de messe ou de vespres parochiale és lieux ou les immeubles sont assis, & ne se faict la premiere criee qu'immediatement apres ladicte octaue passee, & le tout deüement signifié audict deteur, le Sergēt doit laisser copie auec declaration par le menu des immeubles mis en ventes, & laquelle il attache à la principalle porte de l'Eglise parochiale, halle, croix, ou autre lieux publicques & accoustumez.

VI.

Le Sergent executeur est tenu receuoir tous encherisseurs & opposans qui viennent pendant les criees, pourueu qu'ils facēt eslection de domicil en ses mains, & ne leur doit donner assignation pour veoir proceder à la vente ou dire les causes d'opposition, sinon apres lesdictes criees faictes.

DES CRIEES.

VII.

Est tenu ledict Sergent à chacune quinzaine se trouuer sur les lieux ou il a accoustumé faire lesdictes criees, & faire sçauoir a hault cry que lesdicts immeubles sont en ventes, & declarer a requeste de qui il exploicte, & pour quelle somme, & en laisser affiche.

VIII.

A la fin desdictes quatre quinzaines, ledict Sergent, apres auoir faict la quatrieme criees, dóne assignation aux deteurs, derniers encherisseurs, & opposans, s'il y en a, pour, par iustice, veoir auctoriser lesdictes criees, & proceder à la véte & adiudication desdicts immeubles, & pource donner les copies de son besongné aux debteurs & opposans, ou a l'vn d'iceux pour tous les autres, & ce au despens du poursuiuát lesdictes criees.

IX.

N'a le Sergent pouuoir d'accelerer ou proroger seul les quinzaines des criees à peine de nullité d'icelles, sauf que si elles escheoient és iours de Pasques, Penthecoste, Toussaincts & Noel, & festes solemneles de nostre Dame, de ce mesme seroiét cótinuees à l'octaue suiuát, & si elles sont cómencees par vn Sergent, elles peuuent estre paracheuees par vn autre, & s'il y a de la faulte és exploicts dudict Sergent, soit des solemnitez, ou autrement, se recommencent à ses despens des ledict default

fault iusques en fin desdictes criees, & auec restitution d'interests, & dommages à la partie.

X.

Lesquelles ainsi paracheuees sont mises és mains d'vn Aduocat, ou autre postulant de la Court qui en faict rapport, & sont veriffiees iudiciairement sur l'aduis des assistans en nombre de cinq au moins.

XI.

La vente & adiudication desdicts immeubles ne se doit faire que toutes les oppositions, afin de distraction, collocation & de coseruation ne soient vuidees, si ce n'est du consentement des parties.

XII.

Apres la sentence des criees prononcee & signifiee, copie en doit estre affichee à la porte de l'auditoire, ou autre lieu accoustumé, & de celuy ou sont assis lesdicts immeubles pour y demeurer quinze iours pendāt lesquels toutes personnes tenues soluables sont receües a y mettre en faisant signifier leur mise au dernier encherisseur.

XIII.

Et la vente signifiee, le decret est deliuré à celuy qui se trouue le dernier encherisseur, lequel est tenu par emprisonnement de sa personne, dedans quinzaine

Y

apres, configner les deniers de fon encherre, ou monftrer par acquis vallable qu'il a payé à chacun des creanciers pour ratte de ce qui leur est adiugé.

XIIII.

Les despens pour lesquels les poursuiuãs criees font colloquez au premier ordre, & s'entendent estre ceux de la commission & exploicts de commandemens, faisies, criees, significations, affiches, verifications, sentences de contumace côtre le deteur & diffinitiue, publications & adiudications faictes sur les deteurs tant seulement, & non d'autres, demeurent à l'arbitrage des Iuges de les adiuger ou pour ou contre qui ils trouueront estre raisonnable.

XV.

Es Seigneuries, Fiefs, ou pour droicts Seigneuriaulx, suffit de saisir le principal manoir, auec les appartenances & dependãces sans aucunement les specifier, nommer ny declarer par le menu.

XVI.

Les commissaires establis aux immeubles mis en criees sont attenus les laisser à ferme, à qui plus, en prenant bonne & suffisante caution resseante soub la iurisdiction du Iuge qui cognoist desdictes criees.

XVII.

On ne peut de plain sault proceder par saisie & criee

sur les immeubles possedez par vn tier: Mais faut au prealable le faire appeller & conclurre contre luy en action hypotequaire ou au payement du debt, le debteur premierement discuté.

DES APPELLATIONS.
TILTRE VII.

I.

Ovs Greffiers des Seneschaulcees, Preuostez, & Mairies doiuent dans trois semaines apres la publication de l'assize, porter és mains du Greffier du Bailliage, chacun en son ressort les registres & extraicts de toutes appellations interiettees en leurs iustices des & depuis la precedente assize, pour enregistrer icelles appellations, & en faire presentation.

II.

Les reliefs des appellations verballes & des sentêces interlocutoires doiuent côtenir quelqu'vn des griefs, sauf à l'Aduocat de l'appellant de deduire le surplus à peine d'estre l'appellant declaré non receuable en son appel.

III.

Lesdictes appellations verballes reuenans par anticipation aux iours ordinaires ou extraordinaires, se doiuent plaider & iuger comme à l'assize, sans estre appoinctees en droict, n'estoit que pour quelque consideration il soit trouué deuoir estre remises au conseil.

IIII.

Et sont les appellations verballes celles ou il ny a appoinctement en droict, iugement n'y sentence rendue sur escritures, par ce que les appellations sur procez par escrit sont seulement celles qui viennēt de sentences donnees sur escritures & pieces veües, & ou il y a eu appoinctement a ouyr droict, & a fournir deuers le Iuge.

V.

Les appellans, adiournez & l'inthimé (s'il veut prēdre proffit à la cause d'appel) sont tenus la veille des assizes faire presentation au greffe de leur ressort, à peine de trois frans d'amende sur chacun, & pendāt la tenue des assizes comparans sont receus à plaider sur la cause d'appel.

VI.

L'inthimé comparant à l'assize obtient congé en cas d'appel contre l'appellant non cōparant, par le moyen duquel est dict bien procedé & iugé par l'adiourné ou Iuge à *quo*, & ce dont estoit appel confirmé & mal appellé par l'appellant, & iceluy condamné à l'amēde de son fol appel & aux despens.

DES APPELLATIONS.

VII.

Que si l'inthimé compare & souftient ce dont est appel, l'adiourné est mis hors de Court.

VIII.

L'appel anticipé, l'inthimé auāt que les parties ayent concluds le procez, obtenant deux deffaults côtre l'appellant à pareillement congé en cas d'appel, & si l'appellant a comparu, & qu'on ait conclud comme en procez par escrit, & il faict deux deffaults, l'inthimé de mesme emporte gain de cause.

IX.

Et si l'inthimé en cas d'appel ne compare à l'assize, il est priué du proffit qu'il pourroit prétendre à ladicte cause d'appel, & sauf l'appellant se pouruoir comme il pourra.

X.

Es appellations en cause ciuille, les appellans sont tenus dedans quarante iours entiers & francs, de releuer leurs appeaulx aux prochaines assizes, n'estoit que l'appel fut seulement formé huict iours entiers auparauāt icelles, auquel cas ne conuient le releuer n'y faire executer, pource que de ce mesme il est censé releué & executé, & les parties tenues se presenter esdicts iours de presentations & plaidoiries de l'assize aux mesmes

Y iij

DES APPELLATIONS.

peines que deſſus, & ſi elles ſe tenoient pluſtoſt que leſdicts huict iours n'eſt l'appellant ſubiect de releuer ledict appel que dans quarante iours.

XI.

Toutes appellations qui s'interiettent és cauſes criminelles ou extraordinaires ſe releuent dans quinzaine apres par relief ou requeſte, & ſe peuuent anticiper par decret du Iuge de la cauſe d'appel, & ne ſe donnent les aſſignations à plus long dilay que la huictaine ſuiuante.

XII.

Que quand il y a priſonniers criminels appellás des Iuges inferieurs, leſdicts Iuges ſont tenus d'éuoyer leſdicts priſonniers és priſons bailliageres de leur reſſort, & au Greffe d'illec le procez dont eſt appel, le tout dedans l'octaue, & ce à peine d'amende arbitraire ſelon la matiere & la qualité des parties enuerrs ſon Alteſſe, & de deſpens dommages & intereſts de l'appellant.

XIII.

Leſdicts priſonniers eſtans és priſons dudict Bailliage deduiſent leurs griefs par leurs bouches ſans miniſtere de conſeil, & ce faict en peuuēt encor donner par motifs & conſeil d'Aduocat.

XIIII.

L'appellant qui n'a releué & executé ſon appel de-

DES APPELLATIONS.

dans ledict téps peut estre conuenu par deuant le Iuge à *quo* pour proceder suiuant ce dont est appel, & nonobstant iceluy: ou par deuant le Iuge superieur ou il deuoit releuer à ce de veoir declarer son appel peris & desert pour ne l'auoir releué ny executé en temps & lieu.

XV.

Les appellans peuuent dans l'octaue de l'appel interietté le renoncer au Greffe de la iustice du iuge à *quo* comme aussi à celuy du iuge d'appel, sans estre tenu de signification sinon apres ladicte octaue, & faisant laquelle renonciation dedans lesdict huict iours, le renonceant n'a accoustumé que de payer l'amede ordinaire de trois gros pour le Seigneur du Greffe, ou ladicte renóciation se faict, & trois blans au Greffier pour sa peine de l'enregistrement d'icelle.

XVI.

Que si l'appel est interietté és mains d'vn Sergent, l'appellant ne peut renoncer par deuát iceluy si ce n'est que la renonciation soit faicte sur le champ ou dedans le mesme iour.

XVII.

Tous appellans doiuent iustifier leurs appellations par act ou attestations dôt il faut faire paroistre à peine de descheance, & d'estre declarez non receuables appellans.

DES AMENDES.

XVIII.

Les Sergens executeurs de mandement & commiſſion de deſertion d'appel ſont tenus d'en dõner prõptement copie à l'adiourné, enſemble de l'act contenãt l'appel & de leurs exploicts aux meſmes peines que cy deuant.

XIX.

Les adiournez en cas de deſertion qui pretendent auoir renõcé, dedans l'octaue ſont tenus d'en faire apparoir aux iours de l'aſſignation, autrement ſe doit faire droict ſur ladicte deſertion, & ſauf toutesfois au Iuge de dõner vn dilay ſi la matiere y eſt diſpoſee pour enſeigner de ladicte renonciation.

DES AMENDES.

TILTRE VIII.

I.

Es amendes des crimes, delicts & d'excez ſont arbitraires audict Bailliage, à la reſerue de celles eſquelles ſon ALTESSE à pourueu par Edicts & Ordonnances, & des lieux ou il y a chartres, benefices, ou priuileges contraires.

Toutes

DES AMENDES.

II.

Toutes amendes d'appel sont de trois frans, & s'il y à plusieurs particuliers appellans tendans à diuerses fins y a sur chacun pareille amende de trois frans.

III.

En l'appel sur declaration de despés és articles croisez connexes, & tendans à mesme fin & raison, n'y a qu'vne amende de trois frans, & s'il y a plusieurs autres articles pour causes diuerses, l'amende sur chacun article croisé, doit estre de six gros demeurás les non croisez executoires.

IIII.

Es actions ciuiles les amendes de deffault és Sieges Bailliagers pour les Prelats, gens d'Eglise beneficiers, Gentils-hommes, Nobles, Colleges, Confrairies & Communaultez sont de trois frans, & sur l'homme d'Eglise non beneficier & roturier sont de trois gros, & pour les oppositions, delations de serment, n'y a aussi que trois gros pour toutes les personnes cy dessus nommees: reserué aussi en tous cas les lieux chartrez, & ceux qui sont en possession immemoriale au contraire: comme aussi és Sieges inferieurs les amendes s'y payent ainsi que d'ancienneté il y a esté accoustumé.

Z

DES AMENDES.

V.

L'amende de deffault perſonnel ſur toutes perſonnes indiferemment en quelque Siege & iuſtice que ce ſoit, eſt de trois frans barrois.

VI.

En tout ce qu'a eſté dict cy deuant n'eſt entendu deuoir eſtre derogé ny preiudicié à ceux, qui par Chartres ou poſſeſſions immemoriales ſe trouueront fondez en cognoiſſance, iuriſdiction ou vſage contraire.

Ainſi ſigné. *I. de Beauuau*, Bailly du Baſſigny.
M. Collin. C. Iacquinet. C. Blancheuoye.

L'AN mil six cens & quatre, le septieme Decembre. Par deuant nous Iean de Beauuau, Seigneur de Nouiant aux Preys, Trêblecourt, Hamouille, Conseiller d'Estat de son ALTESSE, Gentilhomme de la Chambre de Monseigneur le Cardinal, Bailly du Bassigny, &c. Estant en la ville de Bourmont à la tenue des Assises: & seant en Iugement à l'ouuerture d'icelles à huict heures du matin, Maistre Claude Iacquinet Licẽtié és droicts, Procureur general audict Bailliage, nous à remonstré, que par la Cõmission de la Publication desdictes Assises: en datte du neufieme d'Octobre dernier (suiuant la volonté & commandement de son ALTESSE, que le Stil & forme de proceder és Iustices dudict Bailliage, par cy deuãt de nostre Ordonnãce, dresseZ par les Aduocats, Procureurs & Praticiens à c'est effect assembleZ) fut communiqué aux gens des trois Estats en iceluy, pour dire & y donner tel consentement & aduis, que chacun d'iceux troueroit estre, pour le bien de la Iustice, & soulagement du peuple. Ledict Procureur auoit faict inserer en ladicte Commission clause expresse, pour inthimer ausdicts iour, heure & lieu, les gens d'Eglise, de Noblesse, & CommunauteZ du ressort de la Seneschaulcee dudict Bourmont, executee par plusieurs Sergents dudict Bailliage, qui en auroient faicts les publications, inthimations en tel cas pertinentes, & mis affiches és lieux accoustumeZ, afin que personne n'en pretendit cause d'ignorance. Nous requerant que lesdicts Estats de chacun desdicts lieux, fussent appelleZ par ordre, & l'un apres l'autre, pour voir les comparants, & que deffault luy fut

Z ij

octroyé contre les deffaillās, portant proffit tel qu'il ſoit dict que le beſongné qui ſera faict vauldra pour tous indifferemment, & ainſi que ſi on eſtoit preſent. Et apres qu'auōs faict faire lecture haultement par Noble homme Claude Blancheuoye, Greffier en chef audict Bailliage deſdictes Cōmiſſion & exploicts de publication & inthimation, & appeller leſdicts Eſtats. Ont comparu premierement pour l'Eccleſiaſtique, les Venerables Abbé & Religieux du Conuēt de Morimond, pour ce qui eſt de leur Abbaye, Village, Gaignages, Seigneuries, & biens depēdants dudict reſſort, par Frere François Chreſtiennot, l'vn d'iceux, aſſiſté de Maiſtre Nicol Mombelet. Les Venerables Chappellains de Sainct Florentin dudict Bourmont, par Meſſire Iean Guillemy, Curé, & Maiſtre Dominique Moriſet, deux deſdicts Chappellains, & encor ledict Guillemy cōme Curé. Meſſire Demāge Dombrot, Curé de Graffigny, Chemin, & Malaincourt. (Et perſonne pour la Nobleſſe). Et pour le tiers Eſtat. Les habitās & Cōmunaulté dudict Bourmōt, par Iaque larmet Mayeur, Nicolas larmet ſon Lieutenāt, Jean Poincaret Greffier. Et pour les habitans de Dambellain, Benigne Roſſel Mayeur pour ſon ALTESSE, Melchior Droüot Greffier, Remy Pricquel Mayeur audict lieu pour le Sieur d'Amonçourt, par Maiſtre Iean Boulangier, Benigne Collin Greffier en ladicte Seigneurie, Iean Brunclerc, Eſcheuin de ladicte Communaulté, fondez de Procuration, & aſſiſtez dudict Boulangier. Les habitans & Communaulté de Germainuilliers, par Louys Hemonnin Mayeur, François Chomel ſon Lieutenant, Nicolas

Dorlien Greffier, & Mazelin Breton Efcheuin, fondé de procuration du vingt neufieme Nouembre dernier. Les habitans & Communaulté de Sainct Ouain par Martin Iacob Mayeur pour fon ALTESSE, Iean Iacob, fon Lieutenant, Nicolas Donel Greffier, Manfuy Iacob Mayeur audict lieu pour les Sieurs de Bulgneuille, Iean la Voiffe Mayeur pour le Sieur du Chaftellet Bonney, Touffainct Bedon Mayeur pour le Sieur Comte de Torniel, Claude Preuoft pour le Sieur de Rougeuille, Iean Mourot, pour le Sieur de Verecourt, & Iean de la Saulce pour le Sieur de l'Efpine. Les habitans & Communaulté de Surauuille par Simon Gros-Iean Mayeur, Thomas Uaultrin fon Lieutenant, Pierrot Henry Sergent, Nicolas Chaudel Greffier. Les habitans de la Communaulté des villages de la Vachereffe & Rouillic par Noel Huffon Mayeur, Touffainct Laudo fon Lieutenant, Girard Bedon Greffier, François Richard Efcheuin, & Iean Thierion Sergent & Doyen efdicts lieux. Les habitans & Communaulté de Leuecourt par Fraçois Grenand Mayeur, Guillaume Cocquel Greffier, Iean Vienot Sergent. Les habitans du Gaignage de Vauldinuilliers, par Nicolas Boulangier Mayeur, Claude Boulangier Greffier, & Nicolas Hubert Sergent. Les habitans des Gouttes par ledict Grenand Mayeur, Iean Iacob Greffier, & Nicolas Febure Sergent. Les habitans de Frocourt, par François Grenand Mayeur, Claude Boulangier Greffier, & Nicolas Pierel Sergent. Les habitans & Communaulté de Haccourt, par Eftienne Remy Mayeur, Iean Didier Lieutenant, & Nicolas Efpaulard

Greffier. Les habitans & Communaulté de Gouuaincourt par Claude Fallot Mayeur, Iean Minel dict le Noir Lieutenant, George Richard Greffier, & Iean Saillet Sergent. Et ne s'estans presentez autres que les susnommez, auons octroyé deffault audict Procureur, contre les non comparans, sauf toutesfois (s'ils se presentent pendant le besongné) d'y estre receus & ouys, & dict qu'il sera passé outre à la recognoissance du Cayer, lequel nous auons faict mettre és mains de Noble Pierre Berget Lieutenant és Seneschaulcees de la Mothe & Bourmont, & de Maistre Claude Guillemy Greffier commis en icelle. Et enioinct ausdicts comparans de se retirer auec eux, & de prendre communication du tout, pour y dire ce qu'ils voudront, afin de nous en estre faict rapport par escrit par lesdits Berget, & Guillemy. Et sauf que s'il se presentoit autres pendant leur besongné d'y estre receus, comme dict est, & à proposer ce qu'ils verront à faire sur ledict Stil, pendant la tenue desdictes assizes, & le dixieme suiuant se sont representez lesdicts Berget & Guillemy suiuy des comparās pour ledict Estat, & nous ont iceux declarez qu'ayans eu ample communication, lecture intelligible dudict Stil, ils en consentoient l'omologation pour estre dressé sur la forme accoustumé en Iustice audict Bailliage. Et nous ayans aussi acheminez à la Mothe, au commencement de la tenue des assizes, pour le ressort d'illec, le neufieme & dixieme dudict mois pareil remonstrance que cy deuant nous a esté faicte par ledict Procureur. Et les trois Estats appellez, auroient comparus, Sçauoir les Venerables Preuost, Chanoines & Chapitre

e l'Eglife Collegiatte noftre-Dame de la Mothe, par Mai-
re Guillaume de Louchon Preuoft, Benigne Freby, &
ean Plumerel Chanoines, affiftez de Maiftre Nicolas
uillaume leur Procureur. Le Reuerendiffime Cardinal de
a Baulme, Abbé de Luxeul, Seigneur de Vaudoncourt, par
aiftre Anthoine du Bois Aduocat & fon Procureur.
es Venerables Religieux & Conuent de Sainct Michel
e Sainct-Mihiel, Seigneur de Iainuillotte, par Claude Ri-
hier leur Procureur audict lieu, affifté dudict du Bois.
Damp René Merlin, Prieur de Hareuille, par ledict du
Bois. Frere René de Mon-Iou, Cheuallier de l'Ordre de
Sainct Iean de Ierufalem, Commandeur de Robecourt, par
Iean Breffon fon Procureur d'illec, affifté dudict du Bois.
Et pour la Nobleffe. Honoré Sieur Charles de Bertheleuille Efcuyer de l'Efcuerie de Monfeigneur le Duc de Bar,
Seigneur d'Oultremefcourt, par ledict du Bois. Et pour le
tier Eftat. Les habitans & Communaulté de la Mothe,
par Maiftre Claude Thouuenel Aduocat, & Mayeur
dudict lieu, & Didier Rouyer fon Lieutenant. Les habi-
tans & Communaulté dudict Oultremefcourt, par Iean
Morifot Mayeur, & Vaultrin Morifot Greffier. Les
habitans & Communaulté de Soulaucourt, par Regnault
Mairot Mayeur, Iean Thiebault fon Lieutenant, &
Claude Didier Greffier. Les habitans & Communaulté
de Vauldrecourt, par Nicolas Regnault l'éfnel Mayeur,
Hillaire Humbelot Greffier, Nicolas Regnault le Ieune, &
Jacque Mougin Efcheuins. Les habitans & Communaulté
de Sauuille, par Iean Pariot Mayeur, Colin Seriot fon

Lieutenant, Nicolas Taxotte Greffier, & Mongeot Gohier Escheuin. Les habitans & Communaulté de Parey, par Oudot Aubertin Mayeur, Nicolas Moine son Lieutenant, Claude Thiebault Greffier, & Demange Badel Sergent. Les habitans & Communaulté de Bulgneuille, par Jean Gaignot Preuost audict lieu, pour le Sieur du Chastellet Bonney, & Germain Viard son Greffier. Nicolas Estienne Preuost pour le Sieur Comte de Torniel, & Nicolas Bertin Greffier. Iean Bastien Preuost pour les Sieurs de Bulgneuille, & Dame de la Mothe Douairiere, & ledict Bertin Greffier. Les habitans & Communaulté de Vauldoncourt, par Iean Monginel Mayeur, Anthoine Choël Lieutenant, Anthoine Choël le Ieune Greffier, & Mongeot Soyer Sergent. Les habitans d'Aingeuille, par Nicolas de la Mothe Mayeur, Iean Milton Lieutenant, Claude Bailly Greffier, & François de May Sergent en la grande Seigneurie. Iean Ginot Mayeur en la Seigneurie de Bulgneuille, Iean Guiot l'esnel Greffier, & Augustin Guillot Sergent. Les habitans & Comunaulté de Gignieuille, par Claude Mairot Mayeur pour le Sieur de Bulgneuille, Demange Humbert Greffier. Claude Gallois Mayeur audict lieu, pour les Sieurs & Dames de Sainct Amand, ledict Humbert Greffier. Iean Caigeot Mayeur, pour lesdicts Sieurs Comte, & de Bonney, Demange Gueniot Greffier. Les habitans & Communaulté de Mairey, par Nicolas Masson le Ieune, Mayeur, pour ledict Sieur de Bulgneuille, Iean Noel Lieutenant, & Aubert Masson Greffier. Iean Masson Mayeur pour ledict Sieur

du

du Chaſtellet, &J ledict Aubert Greffier. Claude Collin
Mayeur pour ledit Sieur de Torniel, & ledit Aubert Greffier. Demange Bergerot Mayeur pour ladicte Dame de la
Mothe, & ledict Aubert Greffier. Les habitãs & Cōmunaulté de Iainuillotte, par Gerard Iulbin Mayeur, Claudin
Riuart Lieutenãt, Iean Noel Greffier, Iacque Loys Sergẽt,
& François Godel Eſcheuin. Et pour les habitãs de Bleuaincourt en la Seigneurie de Robecourt, Eſtienne Breſſon
Mayeur, par Iean Iacquin, & Iean Gillot Greffier. Nous
aurions octroyé deffault cõtre les non cõparans, portãt meſme profit que ceux qu'auõs adiugez au precedent Siege, veu
leſdictes lettres de Cōmiſſion & exploict de publication &
inthimation, &J enioinct audict Berget & a Zorobabel
Bernard l'vn des Cōmis dudict Greffier de ſe retirer auec
leſdits cõparans, pour leur cõmuniquer ledit Cayer, receuoir
leur declarations, & nous en faire rapport dans le lẽdemain
heure de midy, auquel iour & heure s'eſtãs iceux repreſentés
& aſſiſtez deſdits cõparans pour leſdits Eſtats auroiẽt rapporté par eſcrit les declarations & conſentemẽt d'iceux, que
ledict Cayer ſoit receu. Et outre ce les declarations particuliers dudict Chapitre de la Mothe qu'ils ne pouuoit agreer
ny cõſentir audit Stil, en ce qui eſt porté és trois & quatrieme articles faiſant mẽtion de la cognoiſſance des actions des
gẽs d'Egliſe, d'Abbayes, Cōmunaultez, Cõuents, Prieurez,
Colleges, & autres benefices Eccleſiaſticques, & garde d'iceux, dautant que par tiltres & poſſeſſion immemoriale
leur Preuoſt & Chapitre de la Mothe ont cognoiſſance
ſur tous les Chanoines, & autres dependans de leurs Colle-

Aa

ge & Eglife, en tous cas ciuils & criminels, factions d'inuentaires des biens des decedez, & que perfonne n'a la garde dudict Chapitre que fon ALTESSE, de laquelle feule dependent leurs prouifions, & cognoift des appellations des iugemens rendus fur lefdicts Chanoines, & autres en depēdans, en la poffeffion & iouyffance dequoy ils entendoient fe conferuer & maintenir, auffi proteftoient tant pour eux que l'Eftat Ecclefiaticque, que l'article trente cinquieme, en ce qu'il parle des executiōs, que les liures des gens d'Eglife ne pourrōt eftre faifis, & requeroiët qu'il y foit adiousté nō feulement les liures: mais auffi la robbe & habits propres & neceffaires à l'vfage & eftat Ecclefiaftique, ores qu'il ny ait autre moyen pour fatisfaire à l'executiō, lefquelles declarations, lefdits Louchō Freby, & Plumerel auroient fignee, comme auffi noble Eftienne de Roncourt, Sieur dudict lieu, Senefchal de la Mothe & Bourmōt auroit employé certaines remōftrāces par luy dōnees par efcrit, refponces de Maiftre Māmes Collin Licētié és droicts, Lieutenant general, lors quelles furent prefentees au Confeil de fon ALTESSE & aufquelles remōftrāces ledict de Rōcourt auroit adiousté depuis à la cōmunication faicte par lefdicts Berget, & Bernard, defquelles enfemble de celles dudit Chapitre, leur auōs octroyé act, & renuoyé à fō ALTESSE pour y auoir efgard en omologāt ledict Stil, cōme auffi des remōftrances dōnees par efcrit, par les habitans de ladicte Mothe, afin d'eftre maintenus & conferuez en leurs droicts de iurifdiction. Et defquels ils font en poffefsiō, par Chartres, Conceffiōs & Priuileges de fon ALTESSE, & de Noz Seigneurs les Ducs de Bar fes Predeceffeurs, faict les an & iours fufdicts.

STILE COMMVN ET
FORME DE PROCEDER EN IV-
ſtice au Bailliage du BASSIGNY *, en ce qui eſt de la*
MOVVANCE *, redigé par eſcrit, par les Praticiens
en iceluy, aſſemblez à la Marche, par commandement de Meſſire Iean de Beauuau, Seigneur de
Nouiant aux Preiz, Tremblecourt, Hamonuille, &c. Conſeiller d'Eſtat de ſon* ALTESSE *, Gentilhomme de la Chambre de Monſeigneur le
Cardinal, Bailly dudict Baſſigny, luy
preſent les trois, quatre, cinq, ſix, ſept
& huictieme de May, mil ſix
cens & quatre.*

DE LA CHARGE ET OFFICE DV-
DICT SIEVR BAILLY, ET DE SON LIEVTENANT.

TILTRE I.
I.

MONSIEVR le Bailly du Baſſigny, ou ſon Lieutenant General, à droict de tenir publiquement les aſſizes és Sieges dudict Bailliage, en enſuiuant l'ordre ancien.

DE L'OFFICE DV SIEVR BAILLY,

II.

Esquels Sieges priuatiuement de tous autres Iuges dudict Bailliage, il a accoustumé de faire publier les Edicts, Ordōnances, & Mandemēs de son ALTESSE, les Chartres, Priuileges, & exemptions, donnees en faueur de quelques personnes que ce soient, Intheriner lettres de Grace, Pardon, Remission, de Naturalité, Legitimation, Restitution en entier, & tous autres benefices de Prince, Insinuer les donnations, Testamens, Traictez de Mariage, & faire entretenir tant en ses Sieges qu'es Inferieurs lesdicts Mandemens, Edicts, & Ordonnances de son ALTESSE, ou les siennes pour faict de Police, ou autrement.

III.

De cognoistre de toutes causes d'appel, d'actions de gens d'Eglise, d'Abbayes, Conuents, Priorez, & autres benefices Ecclesiasticques, Confrairies, Colleges, & Communaultez, le tout pource qui cōcerne le Temporel.

IIII.

Donner Sauuegardes, Attaches, Pareatis de tous les Mandemens & Commissions, prouenans d'autres Iuges, ou d'ailleurs ledict Bailliage, tenir la main forte sur les benefices vacquans, ou contentieux en iceluy, de tous lesquels il à le droict de la garde, & de cognoi-

ſtre du Temporel, comme auſſi de tous autres cas priuilegiez.

V.

Les aſſizes ſe doiuent tenir de trois en trois ans eſdicts Sieges ſubſecutiuement & en enſuiuant l'ancien
ordre, & afin que perſonne n'en pretende cauſe d'i-
gnorance, les publications ſ'en font quarante iours auparauant, & ſ'en mettēt des affiches és lieux publicques
des villes & villages ou il y a foires & marchez, & autres lieux accouſtumez.

VI.

Eſquelles aſſizes doiuent preſentation la veille, & à
la tenue comparition & aſſiſtance, tous les Officiers,
comme Procureur General, ſes Subſtituts, Preuoſts,
Mayeurs, leurs Lieutenans, Faultiers, Eſcheuins, Gouuerneurs des affaires des Communaultez, Procureurs,
Sindics, Notaires, Greffiers, Sergens, Gruyers, Fore-
ſtiers, & autres ayans charge publicque ſoit du domaine de ſon ALTESSE, ou de ſes Vaſſaulx, & Communaultez, & ce a peine de trois frans barrois ſur chacun
deffaillāt pour chacune des fois cy deſſus declaree, &
ſur les Communaultez de cinq frans d'amende.

VII.

Ne doiuent eſtre receus pour Aduocaſſer & poſtu-
ler és Sieges dudict Bailliage aucuns, ſ'ils ne ſont gra-

DE LA CHARGE ET OFFICE

duez, & n'ont presté le serment solemnel pardeuant mondict Sieur le Bailly, ou son Lieutenant, & ouy le Procureur general. Comme aussi à l'aduenir ne seront admises à postuler és Sieges Inferieurs, que personnes de bonne reputation, & versez en praticque, & qu'elle n'ayent presté le serment.

VIII.

Les Aduocats graduez postulans esdicts Sieges, sont traictables par deuant mondict Sieur le Bailly chacun en son ressort, en toutes actions personnelles, comme aussi les Procureurs postulans, Greffiers Bailliagiers, leurs Commis, & les Sergens pour raison des cas qui procedent des commissions dudict Bailliage.

DE LA CHARGE ET OFFICE
du Procureur General.

TILTRE II.

IX.

LA poursuitte de toutes actions concernantes les droicts & auctoritez de son ALTESSE, & qui touchent le publicque appartient audict Procureur general audict Bailliage, ou en son absence à chacun de ses Substituts en son ressort, & en ce faisant soit qu'il gaigne ou perde sa cause, il ne prend ny

DV PROCVREVR GENERAL.

donne aucuns defpens. Que fi auec luy y a vne partie ciuille ioincte, demāderefſe ou deffenderefſe, ou qu'il foit fimplemēt ioinct ou interuenant, ou ioinct auec ladicte partie ciuille, icelle emportera ou payera feulle les defpens.

X.

Appartient aufſi audict Procureur par tout ledict Bailliage faire aborner & limiter les haults & grands chemins, les lieux publicques & communaulx, parties qui font à appeller, appellees, & en cas de cōtention, & qu'il foit befoin d'en entrer en caufe, la renuoyer pardeuāt Monfieur le Bailly, ou fon Lieutenant, és Sieges foub lefquels les chofes contentieufes font affizes.

XI.

Les Greffiers, Clercs-jurez, tant du Bailliage que des Senefchaulcees, Preuoftez, Mairies & Iuftices du domaine de fon ALTESSE, de fix mois a autres doiuent dreffer roolles des Procez efquels fon ALTESSE, ou le publicque ont intereft, & y peut efcheoir amende ou punition pour en eftre faicte la pourfuitte par ledict Procureur, ou fes Subftituts.

XII.

Comme auffi lefdicts Greffiers, Clercs-jurez font tenus de mettre és mains dudict Procureur, ou fes Subftituts extraicts des rapports qui leurs font faicts, ef-

DES SENESCHAVLCEES

quels sadicte ALTESSE, & le publicque ont interest, & ce dedans quinzaine apres que lesdicts rapports leur auront esté faicts, & ce à peine telle que les Iuges peuuent arbitrer, selon l'exigence du cas.

DES SENESCHAVLCEES DE LA Mothe & Bourmont, au Siege de Sainct Thiebault, Preuostez, Mairies du domaine, & autres Iustices Inferieures, appartenans aux Vaßaulx dudict Bailliage.

TILTRE III.

XIII.

LE Seneschal de la Mothe & Bourmont à la iurisdiction des cas ciuils, & criminels sur tous les subiects roturiers du domaine desdictes Seneschaulcees, à la reserue des cas priuilegiez, & de ceux qui ont tiltres au contraire, & si luy appartient encor la cognoissance des executions ciuilles, & criminelles, & de celles faictes sur lesdicts roturiers, en vertu des contracts passez soub les Seaulx de son ALTESSE.

XIIII.

Ledict Seneschal, Preuosts, Mayeurs, leurs Lieutenās doiuent tenir leurs iours ordinaires, de huictaine a autre,

tre, laquelle escheante à vn iour ferié, l'audience de ce mesme en est cōtinuee au plus prochain non ferié, excepté la semaine deuant Pasques, & la suiuante.

XV.

Que toutes audiences des iournees ordinaires tant des Sieges dudict Bailliage, Preuostez, & Mairies, cōme aussi toutes assignations pour matieres prouisionnelles, en l'absence des Iuges ordinaires, se tiennent & traictent par deuant le plus ancien Aduocat, Procureur, ou Praticien esdicts Sieges.

XVI.

Que pendant la semaine de la tenue des iours ordinaires dudict Bailliage, lesdicts Preuosts ny autres Iuges Inferieurs ne doiuent tenir les leurs ordinaires en mesme iour que celles dudict Bailliage.

XVII.

Auquel les vacquances se prennent pendant le teps des fenaisons, moissons, & vendanges, & ce selon qu'il se trouue estre commode & necessaire par l'arbitrage de Monsieur le Bailly, ou son Lieutenant.

XVIII.

Les Iuges doiuent proceder sommairement és causes legeres, & qui n'excedent deux frans, & les vuider

DES SENESCHAVLCEES

par fermēt de l'vne ou de l'autre des parties, si doncque elles ne vouloient promptement & sommairemēt veriffier leurs faicts.

XIX.

Tous Iuges signent le *dictum* de leurs sentences, & mettent en marge les espices & *visa* qu'ils ont receu, & sils ne sçauent signer, les doiuent faire signer par leurs Greffiers.

XX.

Par tous les Sieges dudict Bailliage, les Procez reglez en droict sur incidens, se doiuent iuger dedans quinze iours apres qu'ils sont distribuez és mains des Iuges, & ceux qui sont concluds au principal, se doiuēt iuger dans six semaines de la distribution, à peine de tous despens dommages & interests, contre qui il appartiendra.

XXI.

Les Iuges ne peuuent en matiere Ciuille ouyr plus de dix tesmoins sur chacun faict, à peine de reiect des supernumeraires, n'est donc qu'on en obtienne benefice de Prince.

XXII.

Les Aduocats & Procureurs ont accoustumé occuper pour les autres Aduocats & Procureurs absens, & pour cela ne peuuent estre tenu suspects en faisant le serment en tel cas requis.

XXIII.

Il n'eſt loiſible auſdicts Aduocats & Procureurs poſtulants és Sieges dudict Bailliage & Inferieurs, de cóparoiſtre pour les parties, s'ils n'ont Procuration, ou memoires ſuffiſans, & dequoy il faut faire paroiſtre dedans la ſeconde aſſignation, à peine de deſpens, & doiuent eſtre ſignees par les parties, ou leurs Aduocats & Procureurs les eſcritures qu'ils fourniſſent en iuſtice, & y a deffence aux Greffiers d'en receuoir autrement.

XXIIII.

Auſquels Aduocats & Procureurs il a touſiours eſté deffendu de demãder des dilais fruſtratoires pour prolonger les cauſes au preiudice du droict des parties.

XXV.

Les Mayeurs du domaine de ſon ALTESSE ne cognoiſſent d'aucun crime, excez ou delict, reprinſes de bois, ny des cauſes Ciuilles, excedãtes dix frans barrois, & demeure à l'option de celuy qui pretend pareille ſomme, & au deſſoub de faire conuenir ſa partie pardeuãt les Seneſchal & Preuoſt ou pardeuãt le Mayeur du lieu, & ſont excepté de ce que deſſus les Maires des Communaultez qui auront tiltres ou priuileges contraires.

DES COMMISSIONS ET AD-
iournemens par tout ledict Bailliage.

TILTRE IIII.

XXVI.

QVE toutes Commiſſions dudict Bailliage doiuent eſtre libellees & contenir ſommairement la demande, & à faulte de ce, ne ſont les adiournez tenus de proceder ſur le champ, mais ſont renuoyez auec deſpens, ſ'il eſt requis, & pourquoy eſt faicte deffence aux Greffiers de deliurer aucune Commiſſion qu'elle ne ſoit libellee, & aux Sergens de les executer, à peine de quinze gros d'amende ſur chacun contreuenant, & de deſpens contre qui il appartiendra.

XXVII.

Et pour l'eſgard des Seneſchaulcees, Preuoſtez, Mairies, ſuffict pour les adiournemens ſimples, que les exploicts ſoient libellez, & pour les adiournemens perſonnels, ſur proffict de deffault, d'execution de ſentence, que ce ſoit en vertu de Cōmiſſion libellee, ſ'il n'y a vſage & tiltre cōtraire, & és autres Mairies de moyenne & baſſe Iuſtice, ſuffict de fournir demāde par eſcrit, ou ſur le regiſtre à la premiere aſſignation.

XXVIII.

Tous adiournemens se doiuent faire à personne ou a domicil en presence de deux recors, les noms, surnós, qualitez & demeurances, desquels auec le iour heure & lieu que les exploicts auront esté faict, estre inserez au rapport du Sergent, & en la copie de l'exploict (s'il est redigé par escrit) & ce à peine de trois frans barrois d'amende contre le Sergent executeur. Semblablemẽt les Sergens en tous autres exploicts sont tenus prẽdre deux recors.

XXIX.

Que ceux qui n'ont aucun domicil audict Bailliage, & ny peuuent estre adiournez à leurs personnes, le font vallablement à haults cris sur les extremitez d'iceluy, ou és lieux publicque des villes ou villages esquels ils ont accoustumés de hanter. Que si l'adiournement se faict pour cause de quelques immeubles, actions reelles, ou mixtes, suffit qu'il soit faict aux detenteurs desdicts immeubles.

XXX.

Que toutes assignations qui se donnent contre les Abbayes, Conuents, Priorez, Colleges, & autres Communaultez de villes ou villages, se doiuent faire pour l'esgard desdictes Abbayes, Conuents, Priorez, & Colleges, aux Abbez, Prieurs, Doyens, Preuosts, Oeconomes, & administrateurs des lieux, & pour les Commu-

DES COMMISSIONS,

naultez de villes, villages, aux Gouuerneurs defdictes Cõmunaultez, Sindicques, Efcheuins, Faultiers, & autres perfonnes qui en ont la charge, & au deffault d'y en auoir, fe font lefdicts adiournemens à hault cris, aux portes des Abbayes, Cõuents, Priorez, ou au portail de l'Eglife defdictes Cõmunaultez, auec affiches & inionctions aux plus proches voifins de le fignifier.

XXXI.

Toutes affignations pour commencer, reprédre ou repudier procez doiuent eftre donnees pour les iours ordinaires, à peine de nullité, n'eftoit qu'il fut queftion de procedure criminelle, ou prouifionnelle, ou de police.

XXXII.

Que tous adiournemens ciuils ne fe doiuent donner à plus long dilay que pour venir proceder dedans les ious ordinaires fuiuans, auffi à mefme peine de nullité.

XXXIII.

Tous Sergens font tenus d'auoir leur copies preftes, afin de promptement, quoy que ce foit dedans le iour de leurs exploicts faicts, deliurer icelles aux adiournez, encor qu'il n'en demandent point, & ce fur peine de trois frans d'amende fur le Sergent, & de defpens dommages & interefts contre la partie pourfuiuante, fauf a elle fon recours à l'encontre dudict Sergent.

ET ADIOVRNEMENS.

XXXIIII.

En matiere Ciuille & ordinaire, doit auoir deux rs au moins entre celuy de l'adiournemēt, & celuy l'aſſignation, ou autre dilay competant (eu eſgard à diſtance des lieux) & ce afin que la partie adiournee moyen de ſe pourueoir de conſeil & autrement.

XXXV.

Il eſt deffendu aux Sergens de faire aucuns exploicts, nifications, ou donner aſſignations és iours de fees, ſi ce n'eſt pour faict de criees, & ce à peine de nul é deſdicts exploicts, d'amende à l'arbitrage du Iuge, d'intereſt à la partie.

XXXVI.

Ne doiuent auſſi leſdicts Sergens receuoir les pares leſquelles ils executent, pour gardiens & depoſitaies de leurs meubles prins par execution, à meſme peie de nullité de leurs exploicts, d'amēde arbitraire, & e deſpens dōmmages & intereſts.

XXXVII.

Si vn Sergent à pris des meubles par execution, pour eniers de ſon ALTESSE, ou redeuances Seigneuriaes de ſes Vaſſaulx, ne ſen peut faire la vente auant la uictaine complette, & ſi c'eſt pour autres debtes, ou

DES COMMISSIONS,
creanciers particuliers, auant la quinzaine. Et pour les prouifions d'alimens & medicamens, auant trois iours entiers, le tout aux mefmes peines que cy deuant.

XXXVIII.

Et ne fe doiuent prendre par execution pour gages les liures, robbes, habits, ornemens propres & necef-faires, tant pour le fainct feruice, que vfage des gés d'E-glife, ny les liures des Iuges, Aduocats, ou d'autres per-fonnes de pareille profeffion, armes de Gentils-hommes, Soldats qui font employez actuellement, ny leurs Cheuaulx de feruice, Beftes trayantes, Inftruments feruants au labourage, Oultilz d'artifans, licts de femmes gifantes, d'autres perfonnes malades, & en tous cas, fi ce n'eftoit qu'il ne fe trouuaft point d'autres meubles fuffifants pour fatisfaire à l'execution.

XXXIX.

Lefdicts Sergens ne doiuent receuoir aucuns deniers, grains, ou autres chofes des debteurs obligez, cõdamnez, ou executez, f'ils n'ont mandement exprez, à peine de trois frans d'amende, dommages & interefts, auec fufpéfion de leur eftat pour trois mois, & fi pour vendition de meubles procedans de leur execution ils recoiuét des deniers, font tenus dans trois iours les deliurer aux creanciers, foubs les peines que deffus.

XL.

Toutes executions commencees par lefdicts Sergés
fur

sur meubles ou fruicts pendans par les racines se doiuent paracheuer incessamment, & sans intermission, quoy que ce soit, dedans les dilais cy deuant prescripts, & estre terminez dedans l'an, à peine de nullité, & de despens dommages & interests, n'estoit qu'il y ait opposition ou procez pour ce cas qui retardast le paracheuement de l'execution.

XLI.

Deffence ausdicts Sergens de retenir plus de huict iours sans exploicter les Obligations, Sentences, Commissions, ou autres instrumens ayans execution parée, qui leur auront esté mis és mains pour executer, & ce à peine d'amende de trois frans, dommages & interests de la partie, & desquelles Obligations, Commissions & instrumens ils sont tenus donner *recepisse* aux parties, quoy qu'on leur en demãde ou non, à ladicte peine de trois frans.

XLII.

Les prinses de corps ne se pouuans executer sur les personnes de ceux contre qui elles sont decernees s'en font les adiournemens à trois briefs iours, c'est à sçauoir, que par vn mesme exploict & adiournement ils sont assignez à trois diuers iours, & y doit auoir d'interual de trois iours entiers & frãcs entre celuy auquel l'adiournement est faict, & la premiere assignation, & de mesme entre la premiere & la seconde, & d'icelle à

DES COMMIS. ET ADIOVR.

la troisieme six iours frācs & entiers. Et peut le Iuge de son office à ladicte derniere assignation donner à l'adiourné deffaillāt, vn sauf d'huict iours, ou autre tel qu'il arbitrera estre raisonnable, selon la distance des lieux, qualité des personnes, matiere de la cause, & saison de l'annee, & emporte le premier deffault personnel proffict de saisie, & annotation de biens auec inuentaire, à peine de ban.

XLIII.

Les adiournez à comparoir en personne ne sont receus à se preseter par Procureur, toutesfois s'ils se vueillent exonier & excuser pour causes legitimes, enuoyēt homme expres pour affermer l'excuse ou exoine, & ce sur peine de deffault personnel, & d'estre ordonné par le Iuge comme il trouue à faire par raison sur l'exigence du cas.

XLIIII.

Tous arrestez par prison ferme & autrement, pour cas de crime & d'excez, doiuent estre incessammēt, & au plus tard dans vingt quatre heures ouys & interrogez sur les informations ou procez verbal de leur capture (s'il y en a) sinon sur les faicts d'accusation, & sans qu'il soit permis aux Iuges, Procureur general, ou d'office, Greffiers ny autres officiers de Iustice, de prendre desdicts prisonniers quelque chose pour leur audition & interrogats.

XLV.

Tous impetrans de lettres de graces, pardon & remission ou d'autres benefices semblables, doiuent en personnes, à teste nue, mains ioinctes, & à genouils, en requerir l'enterinement, pardeuant Monsieur le Bailly ou son Lieutenant au siege du ressort, le Procureur general present & ouy, ou son Substitut, ensemble la partie Ciuille, s'il y en a.

STILE OBSERVE' EN IVGEMENT.

TILTRE V.
XLVI.

Es parties comparantes eslisent domicil au lieu ou la cause est introduicte, & à leur refus, le domicil est d'office par le Iuge, tenu pour esleu au Greffe, & si elles n'ont domicil, ou ne possedent immeubles au dedans de la iurisdiction, donnent caution soluable soub le ressort, pour payer l'adiugé, & que si elles n'en peuuent trouuer faisans paroistre de leur deuoir sont receus à caution iuratoire.

XLVII.

Toutes parties, à l'entree de la cause sont tenües se

purger par serment de calomnie, s'il est requis, & aux peines de droict.

XLVIII.

Contre celuy qui est trouué en iugement, l'on peut proposer demande encor qu'il n'ait esté adiourné, & est tenu de respondre, en luy octroyant dilay competant pour ce faire, s'il est besoin, sauf son renuoy, s'il y eschet.

XLIX.

Au iour de l'assignation, les parties comparates doiuent respondre ou alleguer leur fins declinatoires, de non proceder, de non receuoir, ou autres semblables, sur peine de deffault, si n'estoit qu'on voulut debattre l'assignation d'incompetāce apparente, ou qu'il y eust autre iuste consideration, auquel cas le Iuge peut d'office octroyer vn dilay.

L.

L'adiourné qui par fins de non proceder, allegant litispendance, si sur le champ il n'en faict deuëmēt apparoistre au Iuge, est tenu sans preiudice d'icelle y auoir esgard pour, & lors deffendre à toutes fins, pourra neantmoins par fins de non receuoir, lors proposer ladicte litispendance.

LI.

Celuy qui est promptement conuenu pardeuant le

Iuge du lieu ou il a faict quelque defpence, traficque, ou marchandife, eſt tenu d'y refpōdre pour le meſme faict, & ſ'il eſt beſoin peut eſtre par auctorité de Iuſtice arreſté, ou ſadicte marchādiſe, ſelon que le cas le requiert.

LII.

Les eſtrangers paſſans par ledict Bailliage auec meubles peuuēt eſtre leſdictz meubles arreſtez, ſ'il y a Sentence, Obligation, ou inſtrument ſuffiſant, à charge des deſpens dommages & intereſtz.

LIII.

L'adiourné en ſimple garādie faiſant deffault, le demandeur pour proffict d'iceluy à act de ſes ſommations, interpellations, & proteſtations, & neantmoins eſt tenu de paſſer outre auec le demandeur originel, ſ'il le requiert, comme auſſi de-meſme ſi l'adiourné en garandie faict refus de prendre le gariment, & la cauſe pour le deffendeur originel.

LIIII.

Que celuy qui prend la garādie pour le deffendeur originel, auant conteſtation en cauſe, ſ'il ne demande autre garand, & que la matiere y ſoit diſpoſee (auquel cas) aura vn dilay à l'arbitrage du Iuge, & ſera tenu de reſpondre aux fins du demandeur originel, deſquelles celuy en garādie, en faiſant aſſigner le garand luy doit

Cc iij

STILE OBSERVE'

faire donner copie de sa demâde, & de celle du demãdeur originel du procez verbal, de la monstree & veüe de lieu, si aucune en a esté faicte.

LV.

Que si ladicte monstree n'a esté faicte, & que l'adiourné en garandie auant que prendre la cause en deffence la requiert, le deffendeur originel est attenu de luy faire faire à ses despens, sauf à repeter, s'il y eschet.

LVI.

Que l'appellé à garand n'est receu à demander dilay de second & arrier garand, qu'il n'ait pris premierement ladicte garandie, & ny à que deux dilais en recours d'icelle.

LVII.

Celuy pour lequel le garand prend le garimẽt, peut demeurer en cause, & l'assister, ou bien sortir hors de Court si bon luy semble, à charge que la Sentence dónee contre le garand soit declaree executoire sur le garanty pour le principal, & non pour les despens dommages & interestz, sinon que le garand fut discuté & rendu insoluable, ou qu'il n'eust aucuns moyens dedãs le Bailliage: auquel cas l'execution desdictz despens dommages & interestz se pourra faire côtre ledict garanty, lequel il conuient appeller pour comparoistre à la taxe & liquidation d'iceux, à ce d'auoir son recours contre l'appellé à garand, si le cas y eschet.

LVIII.

Apres contestation en cause chacune des parties peut appeller garand sans retard du procez, si la matiere y est disposee, mais n'est receuable ledict garand à prendre le faict & cause pour celuy qui l'a appellé, ains seulement l'assister audict procez: ce que peut faire celuy qui est appellé en simple sommation de garandie, ou de desdommagement en action personnelle.

LIX.

Pareillement la partie qui allegue compromis, promesses, accord ou transaction, si elle n'en informe sur le champ, est tenue de passer outre en la cause, selon l'assignation a elle baillee, ou suiuant les derniers appointements donnez en ladicte cause, sans preiudice de ladicte fin de non proceder, de laquelle, ladicte partie ce requerante, sera receüe à informer, & partie aduerse au contraire, pour au cas qu'il en couste suffisamment, estre les parties cõdamnees d'entretenir lesdictes promesse, accord, transaction, ou compromis.

LX.

Que toutes assignations qui se donnent pour veoir declarer executoires lettres de Sentences, obligatoires matiere d'execution: de criees, adiuger immeubles par decret, de complainćte en cas de nouuelleté, de sequestre & fournissement de ladićte complainćte, d'enterinement de lettres prouisionnelles, sommations, de garandie, execution de Sentéces contre le condamné, ses heritiers, ou ayans cause, desertion d'appel, recognoissance de Cedule, taxe de despens, dommages & interestz, liquidation de fruićtz, pour veüe de lieu, proceder en enqueste, compulser, collationner & produire tiltres, de sauuegarde, d'asseurement, donner caution, d'aliment, medicament, & autres prouisionnelles, se donnent auec inthimation, portant tel proffićt qu'ores que la partie compare, ou non, l'on passe outre.

LXI.

Les assignations en recognoissáce de Cedulle dónees à la personne du debteur viuant, le deffault par luy encouru porte proffićt tel que la Cedule demeure pour recognue, si l'assignation est donnee aux successeurs & heritiers du debteur defunćt, & ils ne comparent, encourans default, la Cedule lors est tenue pour deniee, auec pouuoir de la veriffier sommairement, les parties deffaillátes readiournees auec inthimation, pour veoir proceder à la verification, & icelle faićte y donner reglement, & en cas de Sentence sur ladićte Cedule au proffićt du demandeur, icelle porte hypotheque des le iour de ladićte Sentéce, & le proffićt de nantissemét de la somme deüe, lequel nantissement s'execute nonobstant

EN IVGEMENT. 100

obstant opposition, ou appellation quelconque, & ans preiudice, en donnant par le demandeur caution resseante & soluable.

LXII.

Tous Iuges sont cōpetens aux fins de recognoissance de Cedule, mais icelle recognüe, si le debteur demāde d'estre renuoyé à son Iuge ordinaire, le renuoye luy en doit estre octroyé, pour plaider tant sur le principal, que nantissement & despens de l'instāce de ladicte recognoissance.

LXIII.

Quant aux Tuteurs, Curateurs, Commissaires establis par Iustice, Escheuins, Faultiers, Voyeurs, Sindicques, Oeconomes, Gouuerneurs d'affaires de villes, villages, d'hospitaulx, Cōfrairies, & toutes autres personnes qui ont eu charge publicque, & sont subiettes d'en rendre compte, estantes adiournez auec inthimation pardeuant les Iuges de la creation ou establissemēt de leurs offices, le premier deffault se donne pure & simple, auec proffict de pouuoir par le demandeur verifier sommairemēt la qualité & gestion des deffaillans, lesquels readiournez auec inthimation, pour la verification faicte, doiuent estre condamnez à rendre cōpte pardeuant ceux qu'il appartient.

LXIIII.

Les adiournez en tesmoignage, deffaillās, sont read-

Dd

STILE OBSERVE'
iournez à la peine arbitree par le Iuge, felon la qualité
des parties, & l'exigēce du cas, de mefme ceux qui font
adiournez pour proceder à l'eflection de Tuteurs, Curateurs, Coadiuteurs, & autres perfonnes pour charge
publicque.

LXV.

Deffault ou congé de caufe eſt donné auec adiudication de defpens contre tous Tuteurs, Curateurs, Cef-
fionnaires, Donnataires, fubrogez, & autres perfonnes
agiffantes pour & au nom d'autruy, fi à la premiere ou
fecōde affignation, elles ne font apparoir de leurs qualitez, en eftans requifes, excepté les Peres, Meres, comme Tuteurs de leurs enfans, le Mary au nom de fa femme.

LXVI.

En caufes Ciuilles, auant qne d'adiuger le proffict de
plufieurs deffaultz, le dernier eftant octroyé fur readiournement auec inthimation, l'impetrāt d'iceux fournit de demande pour obtenir ledict proffict.

LXVII.

Les peremptions d'inftances introduictes de droict
font receües par tout ledict Bailliage, & n'en eſt on releué fans benefice de Prince.

LXVIII.

Es Sfeges dudict Bailliage en matiere poffeffoire,

EN IVGEMENT.

de rescision & nullité de contractz, restitution en entier, & de semblables actions on plaide à toutes fins. Neantmoins si on tend à prouision ou recreance on y faict droict premier que sur le principal ou plain possessoire, & s'execute le iugement de recreance ou de prouision nonobstāt opposition ou appellation quelconque, & sans preiudice, en donnant par l'impetrant caution soluable & resseante pour rēdre en fin de cause, s'il est dict, & que faire se doiue.

LXIX.

Quand vne partie est par benefice de Prince receüe à poser faicts nouueaux, ou à prouuer plus amplemēt, l'autre partie y respond, & prouue aussi plus amplemēt si elle veut, sans qu'il luy soit besoin d'en obtenir decret, le tout aux despens de l'impetrant, le semblable s'obserue pour les despens qui s'adiugent d'vn procez retardé, & és deux cas cy dessus se taxent & payent lesdicts despens comme preiudiciaux, & sans esperance de les repeter par appel, ny autrement.

LXX.

En procez Criminel ou d'excez, s'il y a vne partie Ciuile, & ioincte auec le Procureur general, ou d'office, & elle faict les frais, ledict Procureur a accoustumé luy donner communication du secret.

LXXI.

En matiere criminelle, delict, ou d'excez, l'accusé,

STILE OBSERVE'

deffaillant, apres les trois briefs iours encourus est declaré cõtumax & forclos de toutes exceptions, & pour le proffict de la forclusion le Procureur general, ou d'office, & la partie Ciuille (s'il y en a) sont receus à faire recoller les tesmoins, & en ouyr d'autres par amplification, & les recoller si besoin est, & le recollemẽt ainsi faict en l'absence de l'accusé, readiourné auec inthimation, & deffaillant, vault confrontation, & tout ainsi comme si les tesmoins luy auoient esté confrontez.

LXXII.

Pareillement si apres auoir esté interrogé il s'absente ou est eslargy, il est adiourné auec inthimation pour se representer en estat, & luy estre lesdicts tesmoins confrõtez, ou veoir faire quelque autre act necessaire pour l'instruction du procez, & s'il ne cõpare est readiourné à trois briefs iours ô inthimation, & en cas de contumace est de rechef inthimé, & s'il ne se presente le recollement vault confrontation, & aduenant le cas que dessus, le procez s'instruict, & se iuge tout ainsi cõme si ledict accusé auoit comparu & esté à droict.

LXXIII.

Item aussi celuy qui est adiourné ou arresté en personne pardeuant autre Iuge que le sien, il n'est receuable a demander son renuoy qu'il ne soit assisté de son Seigneur.

LXXIIII.

Que si l'accusé à vne fois approuué la iurisdiction du Iuge ou il est preuenu, encor qu'il y eschee réuoye, si est-ce qu'il ne luy sera octroyé sinon en payant les frais de la procedure commencee & faicte par deuant ledict Iuge.

LXXV.

Tous dilais pour faire veüe de lieu, sommer garãd, deffendre, replicquer, duplicquer, triplicquer, quadruplicquer, informer par tiltres, tesmoins ou autres enseignemens : bailler moyens de nullité & vallidité d'enquestes, reproches & saluations de tesmoins: reiets, cõtredits, & soustenemens de tiltres, comptes, ou autres choses semblables: produire par inuentaire, & generallement tous autres dilais sont peremptoires à l'arbitrage & discretion des Iuges, lesquels toutesfois les peuuent proroger ou renouueller, si la matiere le requiert.

LXXVI.

En toute vne cause ne se donne qu'vn d'ilay d'absence.

LXXVII.

Apres contestation doit estre satisfaict aux appoinctement de la cause à peine de forclusion, & descheance, de laquelle si la partie impetrante cõsent que

STILE OBSERVE'
l'autre en soit releuee, faire le peut en payant les defpés du procez retardé.

LXXVIII.

Les parties plaidantes peuuét en tout eſtat de la cauſe principalement pendant les dilais de preuue ſans retard du procez (ſauf neantmoins au Iuge de proroger leſdicts dilais ſelon l'exigence du cas) ſe faire interroger par ſerment ſur les faicts par elles poſez & extraicts du procez, & apres que le produiſant les aura affermé, ſont contrainctes de les reſpondre pardeuant le Iuge de la cauſe en preſence de ſon Greffier & des adioincts, s'il y en a, & ſans aſſiſtance de conſeil, à peine que leſdicts faicts ſoient tenus pour auerez, & confeſſez, & ſ'en faict la reſponce aux deſpens du requerant.

LXXIX.

Les moyens de nullité, vallidité d'enqueſtes, reproches & ſaluations de teſmoins ſe baillent par vne chacune des parties en vn ſeul volume d'eſcritures, & le procez conclud, elles ont publication & communication d'enqueſtes en tous les Sieges de MOVVANCE, & ſont les procez verbaulx & enqueſtes groſſoyees, les minuttes & groſſes d'icelles ſignees des Iuges, Commiſſaires, Greffiers, & adioincts, s'il y en a, & en demeurent au Greffe les minuttes & originaulx. Que ſi les Iuges, Commiſſaires & adioincts ne ſçauent ſigner, il en eſt faicte mention, à la cloſture deſdictes enqueſtes.

LXXX.

En matiere prouifionnelle d'enqueftes fommaires, & autres femblables, les reproches & nullitez, valliditez & faluations fe donnent promptement auant l'audition des tefmoins, s'ils font denommez par l'exploict d'adiournemēt pour veoir proceder aux preuues fommaires, & les fentences & iugemens qui en furuiennēt font executoires pour les cas prouifionnels, & nantiffemens, nonobftant oppofition ou appellation quelcōque, & fans preiudice, & a caution pour le rendre s'il y efchet.

LXXXI.

Les Greffiers ne doiuent receuoir les productions litteralles fans inuentaire, non plus que les procez inftruicts & reglez en droict, & lequel inuentaire ils veriffient, & en chargent leurs regiftres.

LXXXII.

La copie d'inuentaire des biens de mineurs fignee & faicte fur l'original par auctorité de Iuftice, eft receüe en pareille force que ledict original pour les Mineurs, Tuteurs, Curateurs, Coadiuteurs, leurs hoirs, & ayans caufe.

LXXXIII.

Les parties qui maintiennent de faulx les acts, con-

DES CRIEES.

tracts & autres inſtrumés ſont tenües ſ'inſcrire promptement, & pour le plus tard dans huictaine apres, & ce faict, eſlire domicil au lieu, & y donner caution pour y pourſuiure l'accuſation, & payer l'adiugee, en cas qu'elles ſuccombent.

LXXXIIII.

L'on ne faict qu'vn original des Sentences, procez verbaulx, & acts iudiciaires, & ſe donne à la partie à la diligence de laquelle il a eſté faict, & aux autres des copies & extraicts, ſi ce n'eſt que ledict original ſerue à toutes les parties, & en ce cas il eſt faict double ou bien en ſont doné à chacune d'icelles pluſieurs, par ordonnance du Iuge.

LXXXV.

Le ſemblable ſ'obſerue és contracts & autres inſtruments qui ſe font ou paſſent pardeuant Notaires, ou Tabellions.

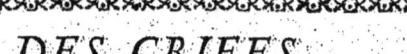

DES CRIEES.
TILTRE VI.
LXXXVI.

Es debteurs condamnez ou obligez ſont tenus faire offre reelle de ce qu'ils doiuent au premier commandement qui leur en eſt faict, autrement payent les deſpens de l'execution.

LXXXVII.

Le crediteur ayant inſtrument portant execution paree auec cõmiſſion ne peut faire proceder par ſaiſie & criee ſur les immeubles de ſon debteur que premier iceluy ne ſoit diſcuté en ſes meubles, & au deffault d'iceux par la perquiſition & cherche que le Sergent executeur faict au domicil ou autre lieu de la meſme iuriſdiction ſe peut addreſſer auſdicts immeubles.

LXXXVIII.

Et pour proceder auſdictes criees & ventes d'immeubles ſont au prealable les commandemens faicts par le Sergent au domicil du debteur, f'il eſt demeurãt audict Bailliage, ſinon au detenteur des heritages, ou à cris publicques, au lieu ou ils ſont aſſis.

LXXXIX.

Qu'au deffault de payemẽt dans la huictaine, apres les commandemens faicts, le Sergent doit ſaiſir les immeubles qu'il entẽd ſubhaſter & expoſer en criees, appoſer brãdon ſur l'vn d'iceux pour marque de la ſaiſie, y eſtablir commiſſaire, auquel il baille declaration deſdicts heritages, & le tout ſignifier audict deteur, & luy faire les deffences en tel cas requiſes & accouſtumees.

XC.

Et l'octaue (d'apres leſdicts commandemens faicts)

Ee

DES CRIEES.

escheüe & passee, se font publiquemēt lesdictes criees, & se continuent par quatre quinzaines à iours de Dimenches yssue de Messe, ou de Vespres parochialles, és lieux ou les immeubles sont assis, & ne se faict la premiere criee qu'immediatement apres ladicte octaue passee, & le tout deüement signifié audict debteur, le Sergēt doit laisser copie auec declaration par le menu des immeubles mis en ventes, & laquelle il attache à la principale porte de l'Eglise, Croix, Halles, ou autre lieu publicque & accoustumé.

XCI.

Le Sergent executeur est tenu receuoir tous encherisseurs & opposans qui viennent pendant les criees, pourueu qu'ils facét election de domicil en ses mains, & ne leur doit donner assignation pour veoir proceder à la vente, ou dire les causes d'oppositions, sinon apres lesdictes criees faictes.

XCII.

Est tenu ledict Sergēt, à chacune quinzaine, se trouuer és lieux ou il à commencé lesdictes criees, & faire sçauoir à haults cris que lesdicts immeubles sont en vētes, & declarer à requeste de qui il exploicte, & pour qu'elle somme, & en laisser affiches.

XCIII.

A la fin desdictes quatre quinzaines ledict Sergent

apres auoir faict la quatrieme criee, donne aſſignation aux debteurs, derniers encheriſſeurs & oppoſans ſ'il y en a, pour par Iuſtice veoir auctoriſer leſdictes criees, & proceder à la vẽte & adiudication deſdicts immeubles, & pour ce donner les copies de ſon beſongné aux debteurs & oppoſans, ou à l'vn d'iceux pour tous les autres, & ce aux deſpens du pourſuiuãt leſdictes criees.

XCIIII.

N'a le Sergent pouuoir d'accelerer ou proroger ſeul les quinzaines des criees, à peine de nullité d'icelles, ſauf que ſi elles eſcheoient és iours de Paſques, Penthecoſtes, Touſſaincts, Noel, & feſtes ſolemnelles de noſtre Dame, de ce meſme feroient continuees à l'octaue ſuiuante, & ſi elles ſont commencees par vn Sergent, elles peuuent eſtre paracheuees par vn autre, & ſ'il y a de la faulte és exploicts dudict Sergent, ſoit des ſolemnitez ou autrement, ſe recommẽcent à ſes deſpens des ledict deffault iuſques en fin deſdictes criees, auec reſtitution des dommages & intereſts à la partie.

XCV.

Deſquelles criees ainſi paracheuees les exploicts ſont mis és mains d'vn Aduocat, ou autre poſtulant de la Cour qui en faict rapport, & ſont verifiiees, lecture en faicte iudiciairemẽt ſur l'aduis des aſſiſtãs, en nombre de cinq au moins.

Ee ij

DES CRIEES.
XCVI.

La vente & adiudication defdicts immeubles ne fe doit faire que toutes les oppofitions afin de diftraction, & de conferuation ne foient vuidee, fi ce n'eft du confentement des parties.

XCVII.

Apres la fentence de criee prononcee & fignifiee, copie en doit eftre affichee à la porte de l'auditoire, ou autre lieu accouftumé, & de celuy ou font affis lefdicts immeubles pour y demeurer quinze iours, pendāt lefquels toutes perfonnes reputees foluables font receües à y mettre, en faifant fignifier leurs mifes au dernier encheriffeur.

XCVIII.

Et la vente fignifiee, le decret eft deliuré à celuy qui fe trouue le dernier encheriffeur, fauf toutesfois la quinzaine pour le plain feellé, durant laquelle eft loifible de mettre fur l'enchere iufques aux fix heures du foir du dernier iour de ladicte quinzaine: laquelle fe comptera des celuy de l'enchere, & fi perfonne ny faict remont, le dernier encheriffeur eft tenu par emprifonnement de fa perfonne dedans quinzaine apres configner les deniers de fon enchere, ou monftrer par acquit vallable qu'il a payé à chacun des creanciers ce qui leur eft adiugé.

XCIX.

Les despens pour lesquels les poursuiuans criees, sont colloquez au premier ordre, & s'entendent estre ceux de la commission, exploicts de commandement, saisie, criees, significations, affiches, verifications, sentences de cõtumaces & diffinitiues, publications, & adiudications faictes sur les debteurs tant seulemēt, & non d'autres, demeurãt à l'arbitrage des Iuges de les adiuger, ou pour ou contre qui ils trouueront estre raisonnable.

C.

Es Seigneuries, Fiefs, ou pour droicts Seigneuriaulx, suffict de saisir le principal manoir auec les appartenãces & dependances, sans aucunemēt les specifier nommer ou declarer par le menu.

CI.

Les Commissaires establis aux immeubles mis en criees sont attenus les laisser publicquement à ferme & à qui plus, en prenant bonne & suffisante caution resseante soub la iurisdiction du Iuge desdictes criees.

CII.

On ne peut de plain sault proceder par saisie & criee sur les immeubles possedez par vn tier, mais fault au prealable le faire appeller & conclure contre luy en action hypothequaire, ou au payemēt du debt, le debteur premierement discuté.

DES APPELLATIONS.

TILTRE VII.

CIII.

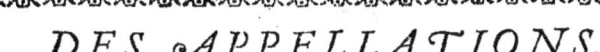Ovs Greffiers des Senefchaulcees, Preuoſtez & Mairies doiuent dans trois ſemaines apres la publication de l'aſſize, porter és mains du Greffier du Bailliage chacun en ſon reſſort, les regiſtres & extraicts de toutes appellations interiectees en leurs Iuſtices, des & depuis la preſente aſſize pour enregiſtrer icelles appellations, & en faire preſentation.

CIIII.

Les reliefs des appellations verballes & de ſentences interlocutoires doiuent contenir pour le moins quelqu'vn des griefs, ſauf à l'Aduocat de l'appellant de deſduire le ſurplus, & ce à peine d'eſtre iceluy appellant declaré non receuable en ſon appel.

CV.

Leſdictes appellations verballes reuenantes par anticipation aux iours ordinaires ou extraordinaires, ſe doiuent plaider & iuger comme à l'aſſize ſans eſtre appoinctees en droict, n'eſtoit que pour quelque conſideration il ſoit trouué bon d'eſtre remiſes au conſeil.

DES APPELLATIONS.

CVI.

Et sont les appellations verballes tenues estre celles ou il ny a eu appoinctement en droict, iugement ny sentence rendue sur escritures, parce que les appellations sur procez par escrit sont seulement celles qui viennent de sentences donnees sur escritures & pieces veües, & ou il y a eu appoinctement à ouyr droict & à fournir deuers le Iuge.

CVII.

Les appellans, les adiournez & inthimez (vn ou plusieurs) s'ils veulēt prēdre proffict à la cause d'appel, sont tenus la veille des assizes faire presentation au Greffe de leur ressort à peine de trois frans d'amende sur chacun, & si pendant la tenue des assizes ils comparent, sont receus à plaider sur la cause d'appel.

CVIII.

L'intimé comparant à l'assize obtient deffault congé en cas d'appel contre l'appellant non comparāt, par le moyen duquel est dict bien procedé & iugé par l'adiourné ou Iuge à *quo*, ce dont estoit appel confirmé, & mal appellé par l'appellant, iceluy condamné en l'amende de son fol appel.

CIX.

Que si l'inthimé compare & soustient ce dont est appel, l'adiourné est mis hors de Court.

DES APPELLATIONS.

CX.

L'appel anticipé, l'inthimé auāt que les parties ayent conclud sur le procez obtenant des deffaults côtre l'appellant à pareillement congé en cas d'appel, & si l'appellant à comparu, & qu'on ait conclud comme en procez par escrit, & il faict deux deffaults l'inthimé de mesme emporte gain de cause.

CXI.

Et si l'inthimé en cas d'appel ne compare à l'assize, il est priué du proffict qu'il pourroit pretendre à ladicte cause d'appel, & sauf à l'appellāt se pourueoir comme il pourra.

CXII.

Es appellations en causes Ciuilles, les appellans sont tenus dedans quarante iours entiers & francs de releuer leurs appeaulx aux prochaines assizes, n'estoit que l'appel fut formé seulement huict iours entiers au parauant icelles, auquel cas, ne conuient le releuer ny faire executer, pource que de ce mesme il est censé releué & executé, & les parties tenues se presenter esdits iours de presentation & plaidoiries de l'assize, aux mesmes peines que dessus, & si elles se tenoient plustost que lesdict huict iours, n'est l'appellant subiect de releuer ledict appel que dans quarante iours.

Toutes

CXIII.

Toutes appellations qui s'interiettent és causes criminelles ou extraordinaires se releuent dans quinzaine apres, par reliefs ou requestes, & se peuuent anticiper par decret du Iuge de la cause d'appel, & ne se donnent les assignations à plus long dilay qu'à la huictaine suiuante.

CXIIII.

Que quand il y a prisonniers criminels appellans des Iuges Inferieurs, lesdicts Iuges sont tenus de les enuoyer és prisons Bailliageres de leur ressort, & au Greffe d'illec, le procez dont est appel, le tout dedans l'octaue, & à peine d'amende arbitraire selon la matiere & la qualité des parties, icelle appliquable à son ALTESSE, & les despens dōmages & interests à l'appellant.

CXV.

Lesdicts prisonniers estans és prisons dudict Bailliage desduisent leurs griefs par leurs bouches sans assistāce, & ce faict en peuuent encor donner par motifs & conseil d'Aduocat.

CXVI.

L'appellant qui n'a releué ny executé son appel dedans les dilais prefigez cy deuant, peut estre conuenu pardeuant le Iuge à *quo*, pour proceder suiuant ce dont

Ff

estoit appel, & nonobstant iceluy, ou pardeuāt le Iuge superieur ou il deuoit releuer, à ce de veoir declarer son appel pery & desert, pour ne l'auoir releué ny executé en temps & lieu.

CXVII.

Les appellans peuuent dans l'octaue de l'appel interietté, le renoncer au Greffe de la Iustice du Iuge à *quo*, sans estre tenu de signification, sinon apres ladicte octaue, & faisant laquelle renonciation dedans lesdicts huict iours, le renonceant n'a accoustumé que de payer l'amende ordinaire de trois gros pour le Seigneur du Greffe ou ladicte renonciation se faict, & trois blans au Greffier pour sa peine de l'enregistremēt d'icelle.

CXVIII.

Que si l'appel est interietté és mains d'vn Sergent, l'appellant ne peut renoncer pardeuāt iceluy, si ce n'est que la renonciation soit faicte sur le champ, ou dedās le mesme iour.

CXIX.

Tous appellans doiuent iustifier leurs appellations par act ou attestation dont il faut faire paroistre prōptement à peine d'estre declarez non receuables appellans, n'estoit que l'appellant meit en auāt vn refus de l'auoir voulu receuoir, & ouyr en sō appel, ou luy en dōner act par escrit, auquel cas est receu d'en faire preuue.

DES AMENDES.

CXX.

Les Sergens executeurs de Mandement & Commiſſion de deſertion d'appel, ſont tenus auſſi d'en donner promptement copie à l'adiourné, enſemble de l'act cõtenant l'appel, & de leurs exploicts aux meſmes peines cy deuant indictes contre les Sergens.

CXXI.

Les adiournez en cas de deſertion qui pretendent auoir renoncé dedans l'octaue ſont tenus d'en faire apparoir au iour de l'aſſignation, autrement ſe doit faire droict ſur ladicte deſertion, & ſauf toutesfois au Iuge de donner vn dilay ſi la matiere y eſt diſpoſee pour enſeigner de ladicte renonciation.

DES AMENDES.
TILTRE VIII.
CXXII.

LEs amendes des crimes, delicts, & d'excez ſont arbitraires audict Bailliage, à la reſerue de celles auſquelles ſon ALTESSE, à pourueu par Edicts & Ordonnances, & des lieux ou y à Chartres, benefices, ſtatuts, ou priuileges contraires.

DES AMENDES.

CXXIII.

Toutes amendes d'appel sont de trois frans, & s'il y a plusieurs particuliers appellans tendans à diuerses fins, y a sur chacun pareille amende de trois frans.

CXXIIII.

En l'appel sur declaration de despés, és articles croisez connexes, & tendans à mesme fin & raison, n'y à qu'vne amende de trois frans, & s'il y a plusieurs autres articles pour causes diuerses l'amende sur chacun article croisé doit estre de six gros, demeurãs les non croisez executoriaulx.

CXXV.

Es actions Ciuilles, les amẽdes de deffault des Sieges Bailliagers pour les Prelats ou autres gens d'Eglise, Beneficiers, Gentilshommes, Nobles, Colleges, Confrairies & Communaultez, sont de trois frãs, & sur l'homme d'Eglise nõ beneficié, & roturier sont de trois gros, & pour les oppositions, delations de serment, pareille amende pour toutes personnes indifferemment, reserué aussi en tous cas les lieux Chartrez, & ceux qui sont en possession immemoriale au contraire.

CXXVI.

Et és Sieges Inferieurs dudict Bailliage, les amendes

DES AMENDES.

ſy doiuent payer ainſi que d'ancienneté il y a eſté ac-
couſtumé.

CXXVII.

L'amende de deffault perſonnel ſur toutes perſonnes, & en quelque Siege & Iuſtice que ce ſoit indifferemment par tout ledict Bailliage, eſt de trois frans
barrois,

CXXVIII.

En tout ce qu'a eſté dict cy deuant, n'eſt entendu
deuoir eſtre derogé ny preiudicié à ceux qui ſe trouueront fondez par Chartres ou poſſeſſions immemoriales en cognoiſſance iuriſdiction ou vſage contraire.

Ainſi ſigné I. *de Beauuau*, Bailly du Baſſigny.
M. Collin.   *C. Jacquinet.*   *C. Blancheuoye.*

F I N.

'AN mil six cens & quatre, le dixseptiéme de Nouembre. Par deuant nous Iean de Beauuau Seigneur de Nouiant aux Preys, Tremblecourt, Hamonuille, Conseiller d'Estat, Gentilhomme de la Chābre de Monseigneur le Cardinal, Bailly du Bassigny, &c. Estans acheminez en la ville de Conflans en Bassigny, à la fin d'y tenir les assizes generalles, & seans en Iugement à l'ouuerture d'icelles à huict heures du matin, Maistre Claude Iacquinet Licētié és droicts, Procureur general dudict Bailliage, nous à remonstré, que par la mesme Cōmission de la publication desdictes assizes, en datte du neufieme d'Octobre precedent, & en ensuiuāt la volonté & commandement de son ALTESSE, que le Stil & forme de proceder és Iustices dudict Bailliage, par cy deuāt de nostre Ordonnance, dressé par les Aduocats, Procureurs & Praticiens pour ce assemblez en la ville de la Marche fut communiqué aux gens des trois Estats en iceluy, pour y dire & donner tel consentement & aduis que chacun d'iceux trouueroit estre pour le bien de la Iustice, & soulagement du peuple. Ledict Procureur auroit faict inserer en ladicte Commission, clause expresse pour inthimer ausdicts iour, heure & lieu, les Estats de la Preuosté dudict Conflās, & subsecutiuement en chacun des autres Sieges, ceux de leur ressort és iours declarez en ladicte Cōmission executee par les Sergens qui en auroient faict les publications & inthimations és lieux accoustumez, & mis des affiches afin que personne n'en puisse pretendre cause d'ignorance. Nous requerant de plus que lesdicts Estats de chacun lieu fussent appellez pour veoir les comparans, & que deffault luy fut octroyé contre les deffaillans portant tel proffict qu'il soit dict que le besongné qui sera faict auec les comparans vaudra pour tous indifferemment, & tout ainsi que si on estoit present. Et apres que nous auons faict faire lecture haultement par Maistre Claude Blancheuoye Licentié és droicts, Greffier en chef audict Bailliage desdictes Commissions & exploicts de publications & inthimations en tel cas pertinentes faicte par François Barbier, & Nicolas Logerot Sergens des nostres audict Siege de Conflans, & faict appeller lesdicts Estats. Ont comparus pour l'Ecclesiasticque, sçauoir discrettes & Venerables personnes Messire Fraçois Robert, curé dudict Cõflans, Iean Burel curé de Dãpierre. Et pour la Noblesse, les Sieurs Marc de Cicon Sieur de Richecourt, Chambelan de son ALTESSE, Capitaine & Preuost dudict Conflans, Bonauenture de Iacquelin, Gaspard de Mattard, Seigneur de Iasnels, noble Pierre de la Mothe. Et pour le tiers Estat, Maistre Gaspard Henry nostre Lieutenant particulier, Maurice Clerjet Greffier au Siege Bailliager Preuosté, & Cõtroolleur dudict Cõflans, François de Broussy Lieutenant dudict Sieur Preuost, Hugues Balin Mayeur, Bastien Gueueurre, Antoine Thierion, Salomon Mathieu Escheuins, Iean Grappin Doyen, Iean Champy le viel, Nicolas Logerot laisné, Claude Logerot, Claude Gay, Iean Perrin, Pierre Dorcier, Gaspard Henry le ieune, Iean Iouy, Iurez audict Conflans, & comparans pour la Communaulté d'illec. Iean Verdet dict Frobert Mayeur de Dampierre, Iean Oudet Escheuin, & Iean

Verdet le ieune Doyen, comparans aussi pour la Communaulté dudict Dampierre. Iean Dinel Fredel Mayeur à Aultreuelle, Delle Feriet Escheuin dudict lieu, comparans aussi pour la Communaulté d'illec tous fondez de procuration, & disans auoir charge de leurs Communaultez. Et auons octroyé deffault contre tous Ecclesiasticques tenans benefices, & les gens de Noblesse possedans Fiefs soub ledict Siege de Conflans non comparans, portant ledict deffault le proffict cy dessus requis. Et afin que les comparans & autres qui voudroient venir pendant nostre seance peussent estre ouys sur le faict dudict Stil, auons faict mettre le Cayer és mains desdicts Henry & Clerjet. Et enioinct à tous de s'en aller ensemble ou soub les Halles dudict Cōflans ou en vne salle pour auoir la lecture & cōmunication d'iceluy Cayer, que nous leur auons faict dōner à ceste fin, & de nous venir trouuer demain en ce mesme lieu à pareille heure de huict du matin, & de rapporter fidellement l'aduis desdicts Estats. Auquel iour le lendemain dixhuictieme dudict mois, & à ladicte heure se sont representez pardeuāt nous cōme cy deuāt lesdicts des trois Estats auec lesdicts Cōmis, qui nous ont remōstrez n'auoir encor paracheuez. Et pourquoy à iceux ce requerās auons cōtinué l'assignation à vne heure de releuee. A laquelle s'estans de rechef representez, tous d'vn cōmun accord ont dict ledict Cayer estre dreßé sur l'vsage ancien & Stile praticqué en Iustice, au ressort dudict Siege, & consentoient qu'il fust receu, dequoy auons octroyé act audict Procureur. Et arriué en la ville de Chastillon sur Saone au mesme effect de nostre Commission, à la presenta-

tion

tion des causes le vingttroizieme desdicts mois & an huict heures du matin, ledict Procureur nous ayant faict semblable remonstrance d'auoir faict inthimer audict iour heure & lieu, & mettre des affiches par Claude Lambert Sergent. Nous aurions faict appeller les trois Estats de la Preuosté dudict Chastillon, seroient comparus pour les Ecclesiasticques Noble & Religieuse personne Messire Pierre de Sandrecourt Prieur & Seigneur spirituel d'Anfouuelle, Chanoine de la Mothe comme Curé dudict Chastillon par Maistre Pierre Vernisson Aduocat, fondé de Procuration. Messires Iean Mathiot Docteur en Theologie Curé de Blondefontaine, Antoine de Poisson Curé de Melay, Huot Curé de Bousseraucourt. Et pour la Noblesse, Honoree Dame Catherine de Sandrecourt relicte de Messire Christofle de Ligneuille viuant Sieur de Tumejus, Hoüecourt, Conseiller d'Estat, Capitaine general de l'Artillerie de son ALTESSE. Honoré Seigneur Gaspard de Ligneuille, Seigneur dudict lieu Tumejus, aussi Conseiller d'Estat, par ledict Vernisson aussi fondé de procuration & Missiue. Messire Iean de Damas, Cheualier de l'Ordre, Sieur de Sainct Rirant, & dudict Melay, par Blaise Designey, son Mayeur. Honoré Sieur Claude du Haultoy, Sieur en partie dudict Blondefontaine en personne. Damoiselle René des champs relicte d'honoré Sieur Antoine de Sergneux, tant en son nom que des Damoiselles ses sœurs, assisté dudict Vernisson, pour ce de Fiefz & Seigneuries que tous iceux tiennent en ladicte Preuosté. Et pour le tiers Estat, Maistre Pierre Vermisson Preuost, Claude Sauarrin Cō-

Gg

troolleur & Greffier, & Pierre Sauarrin Procureur Substitut en la Preuoſté de Chaſtillon en perſonne. Les habitans & Cōmunaulté dudiƈt lieu, par Philippes Cheureux, Jean Rouſſel, Guillaume Bourdon, & Pierre Guiot Eſcheuins de la ville & faulx-bourgs en perſonnes, & aſſiſteZ dudiƈt Verniſſon. Les habitans & Communaulté de Melay, par lediƈt deſigné, Iean Bourney laiſné Mayeur dudiƈt Sieur de Tumejus, Guillaume & Iean Boilley, & Iean Bourney le ieune, aſſiſteZ de N. Mombelet. Les habitans & Communaulté de Bouſſeraucourt, par Eſtienne Hoyer Mayeur pour ſon ALTESSE, Mongin Hoyer Greffier, Iean Boulengier Sergent, Nicolas Huot Mayeur pour le Sieur de Coublans, Iean Eſtienne Mayeur pour la Dame de Tumejus. Les habitans & Communaulté de Grignoncourt en la Seigneurie de ſon ALTESSE, par Iean petit ſon Mayeur, Gerard Gibert Greffier, Pierre Pierrot Sergẽt, Iean Simonny Mayeur pour le Sieur de Coublans, par Iean Guiot, Claude Richard Mayeur de la Dame de Tumejus. Les habitãs & Communaulté de Corres auſſi pour ſon ALTESSE, par Nicolas Mathiot Mayeur, Perrin Bernier Sergẽt, Pierrot Titot Mayeur pour le Sieur de Bourbonne. Les habitans & ſubieƈts de Vougecourt Seigneurie de ſon ALTESSE, par lediƈt Verniſſon.

Et ayans oƈtroyé deffault contre les Beneficiers, Vaſſaulx & autres perſonnes dudiƈt reſſort non comparantes proclamees par lediƈt Lambert, portant meſme proffiƈt que deſſus que le beſongné faiƈt auec les comparans vaudra pour tous indifferemment. Auons faiƈt faire leƈture deſdiƈtes

Commiſſions, & enioinct aux comparans de ſe retirer en vn lieu enſemble pour prẽdre communication dudict Cayer, & y dõner aduis,& dire ce qu'ils voudroiẽt. Et pour ce faire a eſté ledict Cayer mis és mains dudict Preuoſt appellé auec luy Iean Mathiot, pour leur en donner lecture & communication, & à tous autres qui viendront pendãt leur aſſemblee, & de rapporter fidellement dans demain heure de midy ce qu'ils auroient trouué. Auquel iour de lendemain, & à ladicte heure ſe ſont repreſentez leſdicts Preuoſts & Mathiot, ſuiuis & aſſiſtez de la plus grande partie des cy deuant nommez. Et ont declaré auoir eu ample communication dudict Cayer, & ny auoir trouué choſe qui ſoit contre l'vſage & la forme de plaidoirie audict Bailliage, & en tãt qu'a eux touchoit ils conſentoient eſtre receu, dequoy auons auſſi octroyé act audict Procureur. Continuans noſtre voyage, & eſtans au lieu de la Marche à l'audience des aſſizes pour le Siege d'illec. Nous ſeans en l'auditoire le premier du mois de Decembre an ſuſdict huict heures du matin, ſur les remonſtrãces dudict Procureur ramenãt en faict noſtre beſongné eſdicts Conflans & Chaſtillon, pour la cõuocation de l'Eſtat en ce qui eſtoit du Siege de ladicte Marche, & faict pareilles requiſes exhibant les exploicts de publication & inthimation faits par les Sergẽs és lieux accouſtumez. Ont cõparus, ſçauoir pour les Eccleſiaſticques, les Venerables Abbé & Religieux de Morimond par ledict Mombelet. Les Venerables Abbé & Religieux de Flabelmont par Maiſtre Oliuier de Haſterel, & encor Meſſire Iacques Iourdueil Abbé dudict lieu au nõ & qualité de Curé

Gg ij

de Serecourt & Morisecourt. Les Venerables Ministres & Religieux du Conuent de la Trinité lez ladicte Marche par Frere Pierre de Briet Ministre. Noble Pierre Berget Prieur de Bleureuille en personne. Et pour la Noblesse, Messire Iean du Chastellet, Cheualier, Mareschal de Lorraine, Chef des finãces, Seigneur des Thons, Fouchecourt,&c. par Maistre Pierre Vitrey son Procureur. Messires Iean de Haussonuille Baron dudict lieu, Ormes, Sainct George, & Gouuerneur de Verdun. Ioachin Charles Emanuel de Torniel Comte de Challant, Conseiller d'Estat, sur intendant à la maison de Monseigneur, &c. tous deux par indiuis Seigneur de Deüilly, par ledict de Hasterel leur Procureur d'office. Et encor ledict Sieur Côte, pour ce qu'il tient en la Preuosté de la Marche outre la terre de Deüilly, & des despendances d'icelle és villages de Bleuaincourt, Rozieres & Senaide. Messire Ferdinand de Madruche, Côte d'Aue, Baron de Boffroymont, Aussi pour ce qu'il tient esdits villages de Bleuaincourt, Rozieres & Senaide. Messire Antoine de Haraucourt Docteur és droicts, Prieur de Flauigny, par ledict Mombelet. Honoré Sieurs Regnauld de Gournay chef du Conseil, Bailly de Nancy, Nicolas de Ragecourt, Conseiller d'Estat, Maistre d'Hostel ordinaire en la maison de son ALTESSE, Bailly d'Espinal, & cõsors, Seigneurs & Dames de Morisecourt, par Maistre Nicol Mongeot Aduocat, Nicolas Viard & Frãçois de Lesguille leur Procureur d'office. Honorez Sieurs Antoine de Choiseul, Cõseiller d'Estat, Gouuerneur de la Mothe, Seigneur d'Iche en partie, par Maistre Nicol petit. Adam de la

Vaux, Seigneur de Verecourt, par Maiſtre Antoine du Bois ſon Aduocat, Chriſtophle de Serocourt, Seigneur dudict lieu, Fraim & Rocourt en parties. Gabriël de Chauuirey, Seigneur dudict Iche en partie, tous deux en perſonnes. Guillaume d'Aunoy, Seigneur de Challette & de Beaucharmoy, par Nicolas Remy ſon Procureur. Noble Pierre Berget laiſné, Sieur de Rocourt en partie, auſſi en perſonne. Et pour le tiers Eſtat, Maiſtre Claude Iacquin, Preuoſt, Gruyer, & Receueur. Pierre Iacquinet Controolleur & Greffier en ladicte Preuoſté, & Nicol petit Procureur Subſtitut. Pierre Iacquin Lieutenant en la Preuoſté. Les habitans de ladicte Marche, par Maiſtre Nicol Mongeot, Nicolas du Pont, Philbert Bertrand & Iean Oliuier Faultiers & Eſcheuins de la Communaulté. Les habitans de Bleureuille, par Nicolas Bailly, Nicolas Vinot le ieune, Iean de Darney le ieune, Mayeur, Greffier, & Eſcheuins dudict lieu. Les habitans de Sainct Iulian, par Errard Morize, Didier Pariſot, Iulien Gantois, Claude Rouſſel, & Claude Gradin Mayeur, & habitās dudict lieu, pour ſon ALTESSE, & les autres Seigneurs. Les habitās de Senaide par Guilllaume Maſſon. Pierre Maiſtrot, Mazelin Clerc, Mongin Lombardier, & Vallet Aubertin auſſi Mayeurs pour ſon ALTESSE, & les autres Seigneurs d'illec. Les habitās d'Ainuelle par Noel Iacquet, Samuel Millot, Didier Olriot & Frāçois Iacquet Mayeur, Greffier & Eſcheuins. Les habitans de Tollaincourt par Claude Rouſſel dict Benoiſt, Iean Guillaume & Demēge Bogard Lieutenāt de Mairie, Greffier & Eſcheuin. Les habitās d'Iche du

Gg iij

reſſort de noſtre Siege de la Marche par Damien Biot, Florent Malhomme Mayeurs, Gabriël Genin &) Demenge Pouillet Eſcheuins. Les habitans de Tignecourt par Nicolas Henry, Demenge Iacquinot, Simon Thierion & Claude Errard Mayeur, Greffier, &) Eſcheuins. Les habitans de Serecourt par Ioannes Cayetel Mayeur & Iean Guiot Greffier. Les habitans de Serocourt par Iean Cottel, Iean Bourrehier, Nicolas Peltier & Gerard Nucquel Mayeur, Lieutenant, & Greffier. Les habitãs de Fraim par Andreu George, Nicolas Larchier, Iean Moriſe, Jean Thomaſſin & Nicolas Baudel Mayeur & Eſcheuins. Les habitans de Prouenchieres par Edme Collin & Gerad Bourguignon Mayeur, &) Greffier. Les habitans de Morizecourt par Nicolas Jacquin, François Pothier, Guiot Cardinel &) Claude Berget Mayeur, Greffier, & Eſcheuins. Les habitans de Martigny par Jean petit, Claude Guillaume & Jean Fiefort Mayeur, Greffier, & Sergent. Les habitans des Thons, par Demenge Simon; & Guillaume Bourgeois. Les habitans de Lironcourt en la Seigneurie de Flãbelmõt, reſſort de ce Siege, par Mazelin Dailley, Demẽge Dignan, Gerard Michel, & Hugues Mongin Mayeur, Greffier, Eſcheuin, & Sergent. Les habitans Damenuelle & Oriuelle, par François Pariſot, & Adam Baudel Mayeur & Greffier. Les habitans de Fouchecourt, par Iean Nicolas, & Nicolas Clerc Mayeur &) Greffier. Les habitãs de Rocourt par Nicolas Peigney Mayeur. Les habitans de Rozieres, par Nicolas de Villotte Mayeur, & Pierre Patillotte, Nicolas Raguin & Nicolas Patillot Greffier. Les habitans de Verecourt, par Claude Simonnot, Touſſainct Morel, Dieudōné Marchal, Iean Himart & Claude Huot Mayeur, Procureur, Greffier, & Sergent. Les habitans de Bleuaincourt, par Nicolas de Poiſſon, & Nicolas Brunclerc Mayeur & Greffier. Les habitans de Romain aux bois, par Didier Felix, Claude Denel, & François Gerard Mayeur, Greffier, & Sergent. Les habitans de Beaucharmoy, par Iean Oudel le ieune, Agnus Virtel, Claude Iacquot, & Nicolas Voilart Mayeur, Greffier, & Sergēt. Les habitans de Malleroy, par Michel Liegey Touuenin, Gaſpard Billard, & Damien Gagnelot Mayeur, Lieutenant, Greffier, & Sergent. A tous leſquels comparans tant pour eux que pour les abſens, contre leſquels le meſme profſict qu'es precedens Sieges, a eſté octroyé deffault, & ſaulf de ſe preſenter pendant la communication, nous auons enioinct de s'aſſembler & prendre communication dudict Cayer, par les mains dudict Preuoſt, & de Samuel Baudel Sergent, és mains deſquels il a eſté mis afin de rapporter dedans demain pour tout le iour, le dire, aduis, conſentemēt, ou empeſchement deſdicts comparans, pour la reception ou non dudict Cayer. Auquel iour de lendemain ſur les quatre heures de releuee, leſdicts Preuoſt & Baudel aſſiſtez d'vne bōne partie des autres, ont remonſtré n'auoir encor paracheué ladicte communication. Pourquoy leur a eſté continué pour tout le lendemain troiſieme dudict mois. Et auquel iour de troiſieme ſur vne heure de releuee ſe ſont de rechef repreſentez auec leur rapport par eſcrit, portant en ſubſtance que ledict Cayer du Stile eſtoit agreé par les cy deſſus nommez.

Combien que les Procureurs desdits Sieurs Abbez, & Religieux de Morimond, Flabelmont, Seigneurs des Thons, Deuilly, d'Aue, & de Morisecourt, auoient dict que la comparition qu'ils auoient faict pour lesdicts Seigneurs estoit pour reuerēce qu'ils auoient à la Justice: mais qu'ils n'auoiēt aucune charge d'agreer ny consentir audict Stile, & que ledict Sieur de Serocourt reseruoit à faire ses declarations au Siege de Sainct Thiebault. Et ayans lesdicts Faultiers de la Marche remonstré que de tous adiournemēs faicts par leurs Sergens, le premier a accoustumé d'estre faict verballement sans recors de tesmoins, & est ledict Sergent autrement appellé le Doyen creu par le rapport verbal qu'il en faict pardeuant le Preuost de la Marche ou son Lieutenant comme leurs Juges ordinaires, & pour lesquels premiers adiournemens ainsi faicts ledict Doyen ne prend aucun salaire. Et à l'esgard des habitans dudict Bleureuille ont fourny de certaines remonstrances en vne feuille de papier signee par les comparans qu'ont esté ioinctes au present procez verbal. Comme aussi certaines propositions faictes par ledict Preuost pour du tout prendre communication par ledict Procureur, & de ce que ledict Preuost protestoit en donner encor dauantage pour la conseruation de la iurisdiction de son ALTESSE, en ladicte Preuosté, & estre aussi le tout representé en conseil & y estre donné par son ALTESSE tel reglement qu'il luy plaira.

 Et le treizieme dudict mois de Decembre, nous estans à la tenue des assizes au Siege de Sainct Thiebault sur pareilles remonstrances que cy deuant à nous faictes par ledict
          Procureur,

Procureur, aurions enioinct audict Berget comme Aduocat audict Bailliage, & Lieutenãt és Seneschaulcees de la Mothe & Bourmont, & à Zorobabel Bernard, Commis du Greffier, de faire mesme lecture & communication dudict Cayer aux trois Estats du ressort dudict Sainct Thiebault, apres que nous les auons faict appeller par ordre comme ils sont cy apres denommez, & que nous auõs octroyé deffault contre les deffaillans, auec pareil proffict que celuy que nous auons donné és precedens Sieges. Enioignant ausdicts Berget & Bernard de colliger les aduis, voix, suffrages & consentemens desdicts comparans, & nous les rapporter par escris, pour estre ioinct & inseré en nostre present procez verbal. Et se sont trouuez comparoistre pour lesdicts Estats, Sçauoir pour l'Ecclesiasticque, Damp René Merlin, Prieur de Hareyuille, & dudict Sainct Thiebault, par Didier Rouyer dudict lieu, entremetteur de ses affaires, & Claude Richier son admodiateur, auec charge de consentir la reception & omologation dudict Stil. Et pour la Noblesse, Honoré Sieur Claude des Armoises Sieur d'Aultrey, & de Bazoilles en partie. Honoree Dame Michelle du Fay, vefue & relicte de deffunct Messire Iacques de Luz, viuant Chenalier de l'Ordre de France, aussi Dame dudict Bazoilles. Honorez Seigneurs Christophle de Serocourt Seigneur dudict lieu, & d'Illoud, en personnes. Iacques de Serocourt Sieur de Romain, Offraucourt, par Maistre Iean Marchal son Procureur d'office, & Aduocat en ce Bailliage. Et pour le tier Estat, Les habitans & Communaulté de Liffol le grand par François Alexandre Mayeur, An-

Hh

guilbert le Deschault son Lieutenant, Prudent Massault illec Substitut du Procureur general, Claude Perrin Greffier, & Nicolas Floriot Escheuin dudict lieu. Les habitans & Communaulté de Heiullecourt par François Nicolas Mayeur, Nicolas Prelat son Lieutenant. Ceux dudict Sainct Thiebault, par Thiebault Thouuenin Mayeur, Iean Mercier Lieutenant, Toussainct Lomon Greffier. Les habitans & Communaulté de Bazoilles par Iean Poiresson Mayeur, Iean Esprit & Daniel Nicolas Greffier. Les habitãs de Goncourt par Antoine Gillot Mayeur, Iean Morel Lieutenant, & Iean Regnard Greffier. Ceux de Hareyuille par Claude Leuain Mayeur, Nicolas Bas Greffier, & Pierre Guillery Sergent. Ceux de Romain sur Meuze, par Frãçois Teste vuide Mayeur, & ceux de Villorcel par Nicolas Gaignot Mayeur, Claude Aubertin Lieutenãt, Claude Marey Greffier, & Gerard Colly Sergẽt. Tous lesquels cy deuant nommez ont consenty à ce que ledict Stile soit receu & auctorisé.

Et des ledict Sainct Thiebault nous sommes acheminé à Gondrecourt aux mesmes fins d'y tenir les assizes, & cõmuniquer aux trois Estats du Siege & ressort d'illec ledict Cayer. Nous estans en seance en la grand' salle du Chasteau lieu accoustumé à l'assistance desdicts Lieutenant & Procureur generaux, le quinzieme desdicts mois & an, ledict Procureur nous ayant faict semblable remonstrance qu'és precedens Sieges, & requis que ledict Stile soit leu ausdicts Estats conuocquez par les Sergens executeurs de noz lettres de Commission & appellez à tour de roolle, & que nous ayons à cōmettre le Cayer és mains de perſonnes idoines pour le cōmuniquer particulieremēt aux cōparans, & ſe retirer à part, afin de mieux l'entēdre, y dōner leur aduis, cōſentement, ou dire ce qu'ils voudroiēt en general, & en particulier, & que le deffaut des abſens ſoit ſupplee par la preſence des cōparans qui ſont en grād nōbre, & vaille leur dire cōme ſi tous y eſtoiēt preſens. Auons cōmis & deputé Pierre le Marlorat Auditeur à la Chābre des Comptes de Bar, & noſtre Lieutenāt audict Gōdrecourt, & Maiſtre Laurēt Raguet Procureur, Subſtitut en ladicte Preuoſté, afin de prēdre les noms & qualitez des cōparans, & de leur communiquer ledict Cayer, & receuoir leur aduis & opinion ſur ledict Stile, & nous le rapporter par eſcrit afin de l'incerer en noſtre procez verbal, apres qu'auōs enioinct auſdicts cōparans de ſe retirer auec leſdicts Commis, & cōferer par enſemble dedās demain ſeizieme de cedict mois, heure de midy. Auquel iour & heure ſi ſeroiēt repreſentez leſdicts Cōmis, aſſiſtez de l'Eſtat tant Eccleſiaſticque, de Nobleſſe que du tier Eſtat qui auroient remonſtré n'auoir encor veu le tout ny ſe reſoult. Au moyen dequoy nous leur auōs donné du temps pour ce faire, & enioinct auſdicts Cōmis de rediger par eſcrit ce qu'ils en trouueroient. A quoy ils auroiēt ſatisfaict par memoire & Cayer que nous aurions ioinct, & renuoyé le tout à ſon ALTESSE pour y ordonner ſon bon plaiſir, laquelle ayant faict veoir le tout en ſon Conſeil, l'auroit approuué, auctoriſé & omologué le cinquieme iour du mois d'Aouſt mil ſix cens & ſix, ainſi qu'il appert par ſes patentes dudict iour.

Hh ij

ENSVIT LA TENEVR DES PA-
TENTES DE SON ALTESSE, SVR
l'emologation dudict Stile.

CHARLES *par la grace de Dieu Duc de Calabre, Lorraine, Bar, Gueldres, Marchis, Marquis du Põt-à-Mouſ-ſon, Comte de Prouence, Vaudemont, Blamont, Zutphen, &c. A tous preſent & aduenir, Salut.* SÇAVOIR *faiſons que des l'an mil cinq cens octãte, ayans emologué la Couſtume generalle en noſtre Bailliage du Baſsigny, fut remonſtré par le Procureur general en iceluy, qu'a cauſe de la diuerſité des ſieges, il ny auoit aucun ſtile arreſté, ainſi qu'il eſtoit de beſoing, afin de releuer les parties de frais, que ſouuent il conuenoit faire pour la verification d'iceluy, nous aurions des lors commãdé que les Praticiẽs fuſſent aſſẽblés, pour s'en accorder, & reduire en vn Cayer. Ce qu'ayãs eſté faict des ledict tẽps, auroit eſté neantmoins ceſt œuure retardé tãt par la mort d'aucuns d'iceux aduenue, troubles des guerres, qu'aultres inconueniens ſuruenus, s'eſtans faictes deux nouuelles aſſemblees, la premiere en l'an mil cinq cens nonãte neuf, la derniere en l'an*

mil six cens & quatre, par deuãt le Sieur de Beauuau, Conseiller de nostre Conseil d'Estat, Bailly
dudict Bassigny, & és Assizes tenues en Nouëbre
& Decembre suiuant, esquelles nous aurions faict
cõmuniquer aux gẽs des trois Estats de chacun Siege, ce que dressé en auoit esté (comme il appert par
les acts & procez verbaux qui en ont esté faict) &
ayant ainsi le tout bien & particulierement recognu, nous l'auroiẽt faict presenter & supplier vouloir auctoriser & emologuer, auec permission da-
bãdante de faire le tout Imprimer, sur laquelle leur
requeste & supplication ayant le tout faict veoir &
entendre à diuerses fois en nostre Conseil, auons receu auctorisé, confirmé & emologué, receuons, au-
thorisons, confirmõs & emologons ledict Stile, vou-
lons ordonnons & nous plaist, qu'en iugement &
dehors il soit suiuy, ioinct, & Imprimé, au mesme
volume que la Coustume, & afin que ce soit chose
cognue & manifeste à tous, & que personne n'en
pretende cause d'ignorance, nous mandons audict
Sieur de Beauuau, ou son Lieutenant de le faire publier & enregistrer par tous lesdicts Sieges és Assizes, ou iournees ordinaires, & a eux comme au
Procureur general, ses Substituts, Seneschaulx,
Preuosts, Mayeurs, leurs Lieutenans, & autres
qu'il appartiendra, d'entretenir & faire entrete-

Hh iij

nir, suiure & obseruer és Cours des Iustice, & lieu qu'il sera de besoin audict Bailliage: & ne permettre d'en alleguer d'autre, à peine dereiect, selõ l'exigence contre le contreuenant, car ainsi nous plaist. En tesmoin dequoy nous auons signé ceste de nostre main & y faict mettre & appendre nostre grand seel. Donnez à Nancy le cinquieme du mois d'Aoust mil six cens & six. Ainsi signé CHARLES. Et sur le reply. Par son ALTESSE, &c. Les Sieurs des Thons Mareschal de Lorraine, Chef des Finances: de Maillane Mareschal de Barrois: de Bourbonne grand maistre de l'hostel: de Haraucourt Gouuerneur de Nancy: de Lyceras Bailly de Chastel sur Moselle: de Stainuille Prothenotaire: Maimbourg Maistre aux Requestes ordinaire: Bailliuy: du Iacq Maistre aux Requestes: Drouin: Liegeois & Pistor, presens. Signé Maimbourg: Registrata C. Bouuet. Et seellees du grand seel de son ALTESSE, pendant à double queue de parchemin.

FIN.

TABLE DES TITRES CONTE-NVS EN CE PRESENT VOLVME, ET premier, ceux de la Coustume.

Des droicts de haulte Iustice. Titre I. Fueillet. 1
Des droicts de moyenne Iustice. Titre II. Fueil. 4
Des droicts de basse, & Fonciere Iustice. Titre III. Fueil. 4
Des Fiefs, droicts d'iceux, & proffits feodaux. Titre IIII. 5
De l'Estat, & conditions des personnes. Titre V. 6
Des droicts appartenans à gens mariez, & autres Communaultez & societez. Titre VI. 8
Des Tutelles, & Curatelles. Titre VII. 13
Des choses reputees meubles. Titre VIII. 14
Des conuenances, ventes, achapts, louages, & autres contracts. Titre IX 15
Des Censes, Rentes, Lots, & Ventes. Titre X. 17
De retraict lignager. Titre XI. 18
Des bois, Pasquis, & pasturages. Titre XII. 21
Des successions, & Testaments. Titre XIII. 23
Des donations. Titre XIIII. 26
Des prescriptions. Titre XV. 28
Des seruitudes. Titre XVI. 29
Des Bastards. Titre XVII. 31

LES TITRES DV STILE, ET premier, en ce qui est du ressort de la Cour des grands iours de Sainct Mihiel.

De la charge & office dudict Sieur Bailly, & de son Lieutenant. Titre I. Feuillet 63
De la charge & office du Procureur General. Titre II. 65
Des Seneschaulcees & Mairies du domaine, & autres Iustices Inferieures des Vassaulx. Titre III. 66

Des Commissions & adiournemens par tout ledict Bailliage.
Titre IIII. Feuil. 68
Stile obserué en Iugement. Titre V. 71
Des criées. Titre VI. 78
Des appellations. Titre VII. 81
Des amendes. Titre VIII. 83

TITRES DV CAYER DE la Mouuance.

DE ladicte charge & office dudict Sieur Bailly, & de son Lieutenant. Titre I. Feuil. 89
De la charge & office du Procureur General. Titre II. 90
Des Seneschaulcees de la Mothe & Bourmont, en ce qui est du Siege de Sainct Thiebault, Preuostez, Mairies du Domaine, & aultres Iustices Inferieures, appartenans aux Vassaulx dudict Bailliage. Titre III. Feuil. 91
Des Commissions & adiournemens par tout ledict Bailliage. Tit. IIII. 93
Stile obserué en Iugement. Titre V. 97
Des criées. Titre VI. 103
Des appellations. Titre VII. 106
Des amendes. Titre VIII. 109

FIN.

www.ingramcontent.com/pod-product-compliance
Lightning Source LLC
Chambersburg PA
CBHW070525170426